- Blahoslavenství -

Muž, který usiluje o skutečné požehnání

Dr. Jaerock Lee

„Požehnán buď muž, který doufá v Hospodina,
který důvěřuje Hospodinu.
Bude jako strom zasazený u vody;
své kořeny zapustil u vodního toku,
nezakusí přicházející žár.
Jeho listí je zelené,
v roce sucha se ničeho neobává,
nepřestává nést plody."
(Jeremjáš 17:7-8)

Dr. Jaerock Lee: **Muž, který usiluje o skutečné požehnání**
Vydavatelství Urim Books (Zástupce: Seongnam Vin)
73, Yeouidaebang-ro 22-gil, Dongjak-gu, Seoul, Korea
www.urimbooks.com

Všechna práva vyhrazena. Tato kniha ani žádná její část se bez předchozího písemného povolení vydavatele nesmí žádným způsobem množit, ukládat do vyhledávacího systému nebo jakoukoliv formou či jakýmkoliv způsobem rozšiřovat, ať už elektronicky, mechanicky, fotokopírováním, nahráváním nebo jinak.

Pokud není uvedeno jinak, všechny citace z Písma pocházejí z Bible svaté, ČESKÉHO EKUMENICKÉHO PŘEKLADU, ®, Copyright © 1995 vydaného Českou biblickou společností. Použito s povolením.

Copyright © 2020 Dr. Jaerock Lee
ISBN: 979-11-263-0586-5 03230
Copyright překladu © 2010 Dr. Esther K. Chung. Použito s povolením.
(Do českého jazyka přeložila Ing. Lenka Bartelová.)

První vydání únor 2020

Předtím vydáno v Koreji v roce 2009 vydavatelstvím Urim Books, Soul, Korea

Úpravy: Dr. Geumsun Vin
Vnější úprava: Vydavatelství Urim Books
Tisk: Tiskařství Prione
Více informací získáte na: urimbook@hotmail.com

Úvodní slovo k vydání

Tento příběh se stal na univerzitě v Římě. Za bohatým starým mužem přišel student, který měl finanční problémy a žádal ho o pomoc. Starý muž se zeptal, jak hodlá peníze utratit. Student odpověděl, že by za ně chtěl dokončit svá studia.

„A pak?"

„Budu vydělávat peníze."

„A pak?"

„Ožením se."

„A pak?"

„Zestárnu."

„A pak?"

„Nakonec zemřu."

„A pak?"

„…"

V tomto příběhu se ukrývá poučení. Kdyby tento student hledal skutečné požehnání, které by získal navěky, na poslední otázku starého muže by odpověděl: „Půjdu do nebe."

Lidé v dnešní společnosti si všeobecně myslí, že požehnáním je mít věci jako bohatství, zdraví, slávu, postavení a klid v rodině. Snaží se proto, aby všechny tyto věci získali. Ale pokud se podíváme okolo sebe, uvidíme jen málo těch, kteří si mohou vychutnat všechna tato požehnání.

Některé rodiny mohou být bohaté, ale spousta z nich má problémy a potíže ve vztazích mezi rodiči, dětmi, švagrem a švagrovou, tchánem a tchýní. Dokonce i zdravý člověk může kvůli nehodě či nemoci kdykoliv přijít o život.

V dubnu 1912 tisíce lidí pokojně cestovalo na luxusní výletní lodi, která měla tragickou nehodu. ‚Titanic' s 2 300 lidmi na palubě při své první plavbě najel na ledovec a potopil se. Byla to největší výletní loď na světě chlubící se svou výjimečností a luxusem, ale nikdo netušil, co se za pouhých několik hodin stane.

Nikdo nemůže s jistotou říct, co bude zítra. A i když si někdo užívá bohatství, slávy a postavení na tomto světě po celý svůj život, nemůže být požehnaným člověkem, pokud propadne peklu a bude navěky trpět. Pravé požehnání proto znamená získat spasení a vejít do nebeského království.

Ježíš začal svou veřejnou službu před 2 000 lety se slovy: *„Čiňte pokání, neboť se přiblížilo království nebeské!"* (Matouš 5:3). Prvním poselstvím, které následovalo tuto zvěst, bylo ‚blahoslavenství', se kterým lidé mohli dosáhnout nebeské království. Ježíš vyučoval lidi, kteří mohou brzy zmizet jako mlha, o věčném požehnání, zejména o skutečném požehnání spočívajícím ve vstupu do nebeského království. Také je vyučoval o tom, aby se stali světlem a solí světa, aby naplnili zákon láskou a aby dosáhli blahoslavenství. To je zapsáno v Matoušovi, v kapitolách 5 až 7. Této pasáži se říká ‚Kázání na hoře.'

Spolu s duchovní láskou ve 13. kapitole 1 Korintským a ovocem Ducha v 5. kapitole knihy Galatským nám blahoslavenství ukazují cestu, jak se stát člověkem ducha.

Slouží nám jako ukazatele k tomu, abychom byli schopni se přezkoumat a také jako nezbytný obsah k tomu, abychom se stali posvěcenými a mohli vstoupit do nového Jeruzaléma, který je sídlem Božího trůnu a neslavnějším příbytkem v nebi.

Tato kniha s názvem *Muž, který usiluje o skutečné požehnání* je souhrnem kázání o blahoslavenství, která jsem několikrát kázal v naší církvi.

Jestliže budeme naslouchat slovům obsaženým v blahoslavenství, budeme se nejenom těšit ze všech požehnání tohoto světa jako je bohatství, zdraví, sláva, postavení a pokoj v rodině, ale také ze všech nebeských příbytků získáme nový Jeruzalém. Požehnáním od Boha nemůže být otřeseno při žádných obtížích. Pokud dosáhneme pouze blahoslavenství, nebudeme mít nedostatek.

Modlím se, aby se mnoho lidí na základě této knihy změnilo v lidi ducha, kteří budou hledat skutečné požehnání a dostanou všechna požehnání, která pro nás Bůh připravil. Děkuji také Geumsun Vin, ředitelce vydavatelství, a všem jeho pracovníkům.

Jaerock Lee

Obsah

Úvodní slovo k vydání

Kapitola 1 : První požehnání

Blaze chudým v duchu,
neboť jejich je království nebeské   1

Kapitola 2 : Druhé požehnání

Blaze těm, kdo pláčou,
neboť oni budou potěšeni   19

Kapitola 3 : Třetí požehnání

Blaze tichým,
neboť oni dostanou zemi za dědictví   35

Kapitola 4 : Čtvrté požehnání

Blaze těm, kdo hladovějí a žízní po spravedlnosti,
neboť oni budou nasyceni   51

Kapitola 5 : **Páté požehnání**

Blaze milosrdným,
neboť oni dojdou milosrdenství 65

Kapitola 6 : **Šesté požehnání**

Blaze těm, kdo mají čisté srdce,
neboť oni uzří Boha 85

Kapitola 7 : **Sedmé požehnání**

Blaze těm, kdo působí pokoj,
neboť oni budou nazváni syny Božími 101

Kapitola 8 : **Osmé požehnání**

Blaze těm, kdo jsou pronásledováni pro spravedlnost,
neboť jejich je království nebeské 121

Kapitola 1
První požehnání

Blaze chudým v duchu,
neboť jejich je království nebeské

Matouš 5:3

*„Blaze chudým v duchu,
neboť jejich je království nebeské."*

Odsouzenec k smrti v americké věznici držel v rukou noviny a proléval slzy. V nadpisu se psalo o inauguraci 22. prezidenta USA, Stephena Grovera Clevelanda. Dozorce, který jej hlídal, se otázal, proč tak hořce pláče. Se svěšenou hlavou začal vysvětlovat. Pokračoval slovy: „Stephen a já jsme ze stejné školy. Jednoho dne, když skončilo vyučování, zaslechli jsme zvonění kostelního zvonu. Stephen mě přemlouval, abych s ním šel do kostela, ale já jsem odmítl. Spěchal do kostela a já do hospody. Kvůli tomu byly naše životy tak odlišné."

Volba v tomto okamžiku změnila celý život tohoto muže. Ale neplatí to pouze pro život na této zemi. Náš věčný život se také může změnit na základě naší vlastní volby.

Ti, kdo jsou pozváni na nebeskou hostinu

Ve 14. kapitole Lukášova evangelia čteme o tom, že jeden muž pořádal velikou hostinu a pozval mnoho lidí. Poslal své služebníky, aby přivedli pozvané, ale všichni jeho služebníci se vrátili zpět sami. Pozvaní měli spoustu výmluv a všichni byli příliš zaneprázdněni, než aby přišli.

„Koupil jsem pole a musím se jít na ně podívat. Děkuji za pozvání, ale je mi líto, nemohu přijít."

„Koupil jsem pět párů volů a jdu je vyzkoušet. Velmi se

omlouvám, ale nebudu moci přijít."

„Určitě pochopíš, že jsem se teprve nedávno oženil a z toho důvodu nemohu přijít."

Hostitel poslal své služebníky znovu do vesnice, aby přivedli chudé, slepé a chromé z ulice na hostinu. Ježíš v tomto podobenství srovnává ty, kteří dostali pozvání s těmi, kdo byli pozváni na nebeskou hostinu.

Bohatí v duchu dnes odmítají přijmout evangelium. Mají spoustu výmluv, proč nepřijít; zatímco ti, kteří jsou chudí v duchu, pozvání rychle přijímají. Proto je první bránou na cestě za skutečným požehnáním stát se člověkem, který je chudý v duchu.

Chudý v duchu

„Být chudý v duchu" znamená mít pokorné srdce. Mít srdce, v němž není arogance, pýcha, sobectví, osobní touhy a zlo. Tudíž „chudí v duchu" přijímají evangelium snadněji. Jakmile přijmou Ježíše Krista, touží po duchovních věcech. Jsou také schopni se díky Boží moci rychle změnit.

Některé ženy říkají: „Můj muž je opravdu dobrý člověk, ale nechce přijmout evangelium." Lidé považují někoho za „dobrého", pokud navenek nepáchá zlé skutky. Ale i když se někdo zdá jako dobrý, jak můžeme říct, že je opravdu dobrý, pokud nepřijme evangelium kvůli tomu, že je v jádru bohatý?

V 19. kapitole Matoušova evangelia čteme o mladíkovi, který přišel k Ježíši a ptal se ho, co dobrého má udělat, aby získal věčný život. Ježíš mu řekl, aby zachovával všechna Boží přikázání. Nakonec k tomu přidal, aby prodal všechen svůj majetek, rozdal jej chudým a následoval ho. Ten mladík si myslel, že miluje Boha a velice dobře zachovává jeho přikázání. Odešel však zarmoucen. Bylo to proto, že byl bohatý a více si cenil svého bohatství než získání věčného života. Když ho Ježíš viděl, řekl: „*Snáze projde velbloud uchem jehly než bohatý do Božího království*" (v. 24). Být bohatý zde neznamená jen mít majetek a velké bohatství. Znamená to být bohatý v duchu. Lidé, kteří jsou bohatí v duchu, nemusí navenek dělat nic zlého, ale mají silné tělesné světské touhy. Nacházejí potěšení v penězích, postavení, vědění, pýše, rekreačních aktivitách, zábavě a dalších radostech. Proto nemají potřebu slyšet evangelium a nehledají Boha.

Požehnání bohatstvím těm, kdo jsou chudí v duchu

V 16. kapitole Lukášova evangelia čteme o boháči, který si užíval a každý den hodoval. Byl materiálně tak bohatý, že bylo bohaté i jeho srdce; neměl potřebu věřit v Boha. Chudák Lazar však trpěl nemocemi a musel žebrat u vrat domu tohoto bohatého muže. Protože byl chudý v duchu, hledal Boha.

Co se stalo poté, co oba zemřeli? Lazar byl zachráněn a mohl spočívat u Abrahama, zatímco boháč klesl do podsvětí, aby tam navždy trpěl.

Plameny byly tak horké, až zvolal: *„Otče Abrahame, smiluj se nade mnou a pošli Lazara, ať omočí aspoň špičku prstu ve vodě a svlaží mé rty"* (v. 24). Ani na chvíli nemohl uniknout bolesti.

Který člověk je tedy požehnaný? Není to ten, který má veliký majetek a dobré postavení a užívá si života na zemi jako bohatý muž. Přijmout Ježíše Krista a vstoupit do nebeského království jako Lazar představuje skutečně požehnaný život, i když byl jeho život nuzný. Jak můžeme srovnávat život na této zemi, který trvá pouhých 70 nebo 80 let, s věčným životem?

Toto podobenství nám říká, že důležité není, zda jsme bohatí na této zemi, ale zda jsme chudí v duchu a věříme v Boha.

Samozřejmě to neznamená, že člověk, který je chudý v duchu a přijme Ježíše Krista, musí žít v chudobě a trpět nemocemi jako Lazar, aby byl spasen. Spíše však, protože nás Ježíš vykoupil z našich hříchů a sám žil svůj život v chudobě, tak když jsme chudí v duchu a žijeme podle Božího slova, můžeme být bohatí (2 Korintským 8:9).

3 Janův 1:2 říká: *„Modlím se za tebe, milovaný, aby se ti ve*

všem dobře dařilo a abys byl zdráv – tak jako se dobře daří tvé duši." Pokud se naší duši dobře daří, budeme zdraví na duchu i na těle a dostane se nám požehnání v oblasti financí, klidu v rodině, atd.

A i když jsme přijali Ježíše Krista a začínáme si užívat požehnání bohatstvím, tak abychom zcela získali nebeské království, musíme svou víru v Krista zachovat až do konce. Pokud se odchýlíme od cesty spasení tím, že budeme milovat tento svět, naše jména budou z knihy živých vymazána (Žalm 69:29).

Je to jako maratónský běh. Když se maratonec, který běží na prvním místě, odchýlí z trasy před cílovou páskou, nedostane žádnou cenu natož zlatou medaili.

A tak, i když právě teď vedeme horlivý křesťanský život, tak pokud se kvůli pokušení peněz a světským potěšením znovu stane naše srdce bohatým, náš zápal opadne. Můžeme se dokonce vzdálit od Boha. Pokud se tak stane, nebudeme moci dosáhnout nebeského království.

Proto v 1. Janově listu 2:15-16 čteme:

> *Nemilujte svět ani to, co je ve světě. Miluje-li kdo svět, láska Otcova v něm není. Neboť všechno, co je ve světě, po čem dychtí člověk a co chtějí jeho oči a na čem si v životě zakládá, není z Otce, ale ze světa.*

Zavrhnout žádostivost těla

Žádostivost těla jsou lživé myšlenky, které vznikají v srdci. Jejich povaha je taková, že vedou ke hříchům. Pokud máme ve svém srdci nenávist, zlobu, touhy, závist, cizoložnou mysl a aroganci, budeme se chtít dívat, poslouchat, myslet a jednat podle jejich povahy.

Například, jestliže má někdo v povaze soudit a odsuzovat druhé, bude naslouchat pomluvám o druhých lidech. Pak bez jakéhokoliv ověření či poznání pravdy tyto věci rozšiřuje dále, pomlouvá ostatní a v tom všem se cítí dobře a má z toho potěšení.

Také, pokud má někdo v srdci zlobu, bude se zlobit i kvůli malým věcem. Bude se cítit dobře až poté, co si na někom vylije svůj hněv. Snaha zadržet svůj rostoucí hněv je pro něj bolestivá, takže si nemůže pomoci a musí si svůj hněv na někom vylít.

Abychom byli schopni zavrhnout tyto žádostivosti těla, musíme se modlit. Samozřejmě je můžeme zavrhnout, pokud přijmeme plnost Ducha skrze vroucí modlitby. Naopak, pokud se přestaneme modlit nebo ztratíme plnost Ducha, dáváme šanci satanovi, aby žádostivost těla povzbudil. V důsledku toho se můžeme dopouštět hříchů skutky.

1 Petrův 5:8 říká: *„Buďte střízliví! Buďte bdělí! Váš protivník, ďábel, obchází jako 'lev řvoucí' a hledá, koho by pohltil."* Skrze modlitbu musíme být vždy bdělí, abychom mohli přijmout plnost Ducha svatého. Skrze horlivé modlitby se

můžeme stát chudými v duchu tím, že zavrhneme žádostivost těla, která má hříšnou povahu.

Zavrhnout žádostivost očí

Žádostivost očí má hříšnou povahu, která se projevuje, když se na něco díváme nebo něco posloucháme. Posouvá nás k touze, která následuje poté, co jsme něco viděli či slyšeli. Jakmile něco vidíme a přijímáme to společně s pocity, tak když uvidíme podobnou věc později, bude to stimulovat podobné pocity. Dokonce, i když něco podobného slyšíme, aniž bychom to viděli, může to vyvolat podobné pocity a způsobit žádostivost očí.

Pokud tuto žádostivost očí nezavrhneme, ale budeme ji trvale přijímat, povzbudí to žádostivost těla. A nakonec to pravděpodobně znovu povede k páchání hříchů skutky. David, muž podle Božího srdce, se také dopustil hříchu kvůli žádostivosti očí.

Jednoho dne, poté co se stal David králem a národ zažíval určitou stabilitu, se David ocitl na střeše a náhodou uviděl Batšebu, ženu Uriáše, jak se koupe. Přišlo na něj pokušení, získal ji a spal s ní.

Její manžel byl v té době na bojišti a bojoval za svou zemi. Později se David dozvěděl, že je Batšeba těhotná. Aby utajil své provinění, povolal Uriáše z bojiště a přiměl ho, aby spal doma. Ale s ohledem na své spolubojovníky, kteří stále bojovali, spal

Urijáš pouze u dveří králova paláce. Když se věci nevyvíjely tak, jak si David přál, poslal Urijáše do první linie bitvy, aby ho tam zabili.

David si myslel, že miluje Boha více, než kdokoliv jiný. Nicméně když na něj přišla žádostivost očí, spáchal zlo tím, že spal se ženou jiného muže. Kromě toho, aby to dále utajil, dopustil se většího zla – vraždy.

Později podstoupil jako odplatu velikou zkoušku. Syn zrozený z Batšeby zemřel a on sám musel uprchnout před vzpourou svého syna Abšalóma. Dokonce si musel vyslechnout kletby od prostého člověka.

Skrze tyto události si David uvědomil zlo ve svém srdci a velmi se před Bohem kál. Nakonec se stal králem, jehož si Bůh mocným způsobem použil.

Někteří mladí lidé dnes vyhledávají ve filmech nebo na Internetu látku určenou pro dospělé. Neměli by to ale brát na lehkou váhu. Tento druh žádostivosti očí je jako zapálení roznětky žádostivosti těla.

Pojďme to porovnat s válčením. Předpokládejme, že žádostivost těla představují vojáci, kteří bojují ve městě obehnaném hradbami. Žádostivost očí je pak něco jako posily nebo vojenské dodávky těmto vojákům uvnitř městských hradeb. Budou-li mít trvalý přísun, budou mít více síly bojovat. Pokud je žádostivost těla posilňována, nemůžeme nad ní zvítězit.

Proto, jelikož je možné zavrhnout žádostivost očí naší vlastní vůlí, neměli bychom se dívat, poslouchat či myslet na cokoliv, co není správné podle pravdy. Kromě toho, když se díváme, posloucháme či myslíme pouze na věci správné podle pravdy a máme pouze dobré pocity, můžeme žádostivost očí zcela zavrhnout.

Zavrhnout pýchu tohoto života

Pýchou tohoto života je povaha, která se chlubí sama sebou. Je to oddávání se tělesným potěšením tohoto světa za účelem uspokojení žádostivosti těla a žádostivosti očí a vychloubání se úspěchy před druhými. Máme-li tento povahový rys, budeme se vychloubat bohatstvím, hodnostmi, znalostmi, talentem, vzhledem a dalšími věcmi, abychom se ukázali a získali pozornost druhých. Jakubův list 4:16 říká: *"Vy se však vychloubáte a chvástáte. Každá taková chlouba je zlá."* Vychloubání pro nás nemá žádný přínos. Proto, jak je psáno v 1 Korintským 1:31: *"Kdo se chlubí, ať se chlubí v Pánu,"* máme se vychloubat pouze v Pánu, abychom mu přinesli slávu.

Chlubit se v Pánu znamená chlubit se tím, že nám Bůh odpovídá na modlitby, dává nám požehnání a milost a chlubit se nebeským královstvím. Je to vzdávání chvály Bohu a zasazování víry a naděje v posluchačích tak, aby toužili po duchovních věcech.

Někteří lidé však říkají, že se chlubí v Pánu, ale takovým způsobem, že chtějí být skrze to vyzdvihováni. V tomto případě nemohou nikoho změnit. Měli bychom se proto ve všem ohlížet zpět na sebe, aby na nás nedolehla pýcha tohoto života (Římanům 15:2).

Stát se duchovně dítětem

V malém městě v USA žil malý chlapec. Protože třída pro jeho nedělní školu byla velmi malá, začal se modlit k Bohu, aby jim dal větší třídu. I po několika dnech nepřicházela žádná odpověď, tak začal Bohu každý den psát dopisy.

Nicméně, zemřel dříve, než mu bylo deset. Když chlapcova matka uklízela jeho věci, našla tlustý balík dopisů, které napsal Bohu. Ukázala je pastorovi a toho se to velmi dotklo. Zmínil se o této události ve svém kázání.

Ta zpráva se rozšířila do mnoha míst, z různých koutů začaly přicházet peníze a zakrátko jich bylo tolik, že mohli postavit novou církevní budovu. Později byla jeho jménem zřízena základní škola a střední škola a nakonec i fakulta. Byl to důsledek nevinné víry malého dítěte, které věřilo, že Bůh je ten, který nám dá to, oč požádáme.

V 18. kapitole Matoušova evangelia se učedníci Ježíše ptali, kdo je největší v království nebeském. Ježíš odpověděl: "*Amen, pravím vám, jestliže se neobrátíte a nebudete jako děti, nevejdete do království nebeského*" (v. 3). Před Bohem musíme mít všichni bez ohledu na věk srdce dítěte. Děti jsou nevinné a čisté, takže přijímají vše, co se učí. Podobně můžeme vejít do nebeského království pouze tehdy, když věříme a dodržujeme Boží slovo tak, jak jej slyšíme a poznáváme. Boží slovo například říká: ‚Ustavičně se modlete', tak bychom se měli modlit ustavičně a bez výmluv. Bůh nám říká, abychom se vždy radovali, a tak se máme pokusit vždy radovat, aniž bychom mysleli na to: ‚Jak se mám radovat, když je v mém životě tolik smutných věcí?' Bůh nám říká, abychom k nikomu nechovali nenávist a pokusili se milovat i své nepřátele bez jakýchkoliv vytáček.

Podobně, budeme-li mít srdce dítěte, budeme rychle činit pokání z toho, co jsme udělali špatně a budeme se snažit žít podle Božího slova.

Je-li však člověk pošpiněn světem a ztrácí svou nevinnost, přitom, jak se dopouští hříchů, otupí se. Bude soudit a odsuzovat druhé, šířit selhání a nedostatky druhých lidí, říkat malé i velké lži a nikdy si neuvědomí, že dělá špatné věci.
Na druhé se bude dívat spatra, snažit se, aby mu druzí sloužili a jakmile pro něj něco nebude výhodné, rychle zapomene na milost, kterou kdysi dostal. Nebude ho ani pálit svědomí.

Protože má větší touhu jít za tím, po čem touží, bude jednat takovým způsobem, aby to dostal.

Pokud se v pravdě staneme duchovním dítětem, budeme na dobro a zlo reagovat citlivě. Uvidíme-li něco dobrého, snadno se nás to dotkne a budeme prolévat slzy, a budeme nenávidět zlo a cítit k němu odpor.

I když lidé ve světě říkají, že něco zlo není, pokud řekne Bůh, že je to zlo, budeme to ze srdce nenávidět a budeme se pokoušet nehřešit.

Dítě také není arogantní, a tak netrvá na svých názorech. Pouze přijímá to, co ho druzí lidé učí. Podobně i duchovní dítě netrvá na své aroganci ani se nesnaží o to, aby bylo vyzdvihováno. Zákoníci a farizeové v Ježíšových dobách soudili a odsuzovali druhé slovy o tom, že oni znají pravdu, ale duchovní dítě nic takového neudělá. Bude jednat pokorně a citlivě jako náš Pán.

Duchovní dítě tak netrvá na tom, že má pravdu, když naslouchá Božímu slovu. I když se objeví něco, co není v souladu s jeho znalostmi nebo něco, čemu nerozumí, nebude soudit či nesprávně chápat, ale nejdříve bude věřit a poslouchat. Když uslyší o Božích skutcích, nebude se chovat pyšně či arogantně, ale bude toužit po tom, aby samo zakusilo stejné skutky.

Jakmile se staneme duchovními dětmi, budeme věřit a poslouchat Boží slovo tak, jak je. Pokud najdeme jakýkoliv hřích podle slova, budeme se pokoušet sami sebe změnit.

V některých případech však lidé dlouho vedou křesťanský život a pouze ukládají Boží slovo ve formě vědomosti a jejich srdce je jako srdce dospělého člověka. Když poprvé obdrželi Boží milost, činili pokání a postili se za zavržení svých hříchů, které objevili, ale později se otupili.

Když slyší slovo, pomyslí si: „To znám." Nebo dodržují jen to, co je pro ně výhodné nebo věci, se kterými mohou souhlasit. Soudí a odsuzují druhé Božím slovem, které znají.

Proto, abychom se stali chudými v duchu, musíme vždy hledat zlo v sobě skrze Boží slovo, zavrhovat je vroucími modlitbami a stát se duchovními dětmi. Pouze tehdy se budeme moci těšit ze všech požehnání, která nám Bůh připravil.

Požehnání v podobě získání věčného nebeského království

Jaké konkrétní požehnání pak získají ti, kteří jsou chudí v duchu? V Matoušovi 5:3 stojí: *„Blaze chudým v duchu, neboť jejich je království nebeské,"* a jak je zde řečeno, obdrží skutečné a věčné požehnání, kterým je nebeské království.

Nebeské království je místem, ve kterém budou přebývat Boží děti. Je to duchovní místo, které nelze srovnávat s tímto světem. Stejně jako rodiče očekávají narození svého dítěte a připravují pro něj všechny věci jako hračky a kočárek, Bůh připravuje nebeské království pro ty, kteří jsou chudí v duchu, otevírají svá srdce a přijímají evangelium, aby se stali jeho dětmi.

Jak Ježíš říká v Janovi 14:2: *„V domě mého Otce je mnoho příbytků,"* existuje v nebeském království mnoho příbytků. Příbytky v nebi se budou lišit podle toho, jak moc milujeme Boha a zachováváme víru životem podle jeho slova.

Je-li někdo chudý v duchu, ale zůstává pouze na úrovni, kdy přijal Ježíše Krista a získal spasení, půjde do ráje, kde bude žít navěky. Ale ten, kdo žije životem v Kristu a mění se Božím slovem, ten dostane první, druhé nebo třetí nebeské království. Navíc, ten kdo dosáhne posvěcení svého srdce a je věrný v celém Božím domě, ten obdrží nejkrásnější příbytek, nový Jeruzalém, kde si bude moci vychutnávat věčné požehnání.

O příbytcích a šťastném životě v nebeském království se dozvíte více v knihách *Nebe I* a *Nebe II*. Dovolte mi, abych vám krátce představil život v novém Jeruzalémě.

Ve městě nový Jeruzalém, kde září světlo Boží slávy, zní zastřeně chvály andělů. Mezi budovami, které jsou postaveny ze zlata a drahých kamenů a vydávají oslnivé světlo, se táhnou zlaté ulice. Dokonale upravené zelené plochy, trávníky, stromy a překrásné květiny jsou skvěle sladěny.

Voda v řece života, která je čistá jako křišťál, si potichounku teče. Na březích řeky leží jemné zlaté písky. Na zlatých lavičkách leží koše s ovocem ze stromu života. Ve velké dálce je vidět moře, které se leskne jako zrcadlo. Na moři pluje nádherná výletní loď, která je vyzdobena rozličnými drahokamy.

Lidé, kteří na toto místo vejdou, jsou obsluhováni nesčetnými anděly a užívají si královského postavení. Mohou létat k nebi a řídit zářící automobily podobné mrakům. Pána mají vždy nablízku a užívají si nebeských hostin se slavnými proroky. Kromě toho je v novém Jeruzalémě bezpočet cenných a nádherných věcí, které na této zemi nikdy nespatříme. Každý kout je scenerie, která okouzluje všechny smysly.

Z tohoto důvodu bychom neměli zůstávat na úrovni, kdy pouze stěží přijmeme spasení, ale měli bychom být chudší v duchu a úplně se změnit na základě slova, abychom mohli vejít do nového Jeruzaléma, nejkrásnějšího příbytku v nebi.

Blízkost Boha je naším požehnáním

Když se staneme chudými v duchu, nesetkáme se pouze s Bohem a nezískáme pouze spasení, ale také přijmeme autoritu jako Boží děti a další s tím spojená požehnání. Dovolte mi, abych vám řekl svědectví jednoho staršího v církvi. Trpěl ‚onemocněním spojeným se znečištěním prostředí' či jinak řečeno ‚onemocněním spojeným s veřejným ohrožením', ale přijal požehnání člověka, který je chudý v duchu.

Asi před deseti lety odešel kvůli nemoci načas z práce, aby si odpočinul. Mnohokrát měl nutkání ukončit svůj život kvůli hroznému pocitu bezmoci. Protože neviděl žádné světlo naděje a věděl, že sám nesvede nic, byl chudý v duchu.

Mezitím jednou zašel do knihkupectví a náhodou mu padla do oka jedna kniha. Byla to kniha Ochutnání věčného života před smrtí. Je to kniha o mém svědectví a pamětech. Byl jsem ateistou a potácel jsem se na prahu smrti kvůli po sedm let trvajícím nemocem, které nešlo vyléčit žádnými lidskými metodami. Ale přišel ke mně Bůh a setkal se se mnou. Ten muž vnímal, že naše životy jsou si velmi podobné a knihu si koupil s pocitem, že ho k tomu táhne nějaká síla. Přes noc ji přečetl a prolil při tom mnoho slz. Byl ujištěn, že by mohl být také uzdraven a vstoupil do naší církve. Nato byl Boží mocí ze své zvláštní nemoci uzdraven a mohl se vrátit do práce. Byl chválen mnoha svými kolegy a nadřízenými. Dostalo se mu požehnání v podobě povýšení. Následně evangelizoval více než 70 lidí mezi svými příbuznými. Jak velkou odměnu dostane v nebi!

Žalm 73:28 říká: „*Mně však v Boží blízkosti je dobře, v Panovníku Hospodinu mám své útočiště, proto vyprávím o všech tvých činech.*"

Pokud jsme přijali první požehnání mezi blahoslavenstvími tím, že jsme se ocitli blíže Bohu, měli bychom se stát ještě duchovnějšími dětmi, vášnivěji milovat Boha a kázat evangelium těm, kdo jsou chudí v duchu. Věřím, že získáte všechna blahoslavenství, která pro vás Bůh lásky a požehnání připravil.

Kapitola 2
Druhé požehnání

Blaze těm, kdo pláčou,
neboť oni budou potěšeni

Matouš 5:4

„Blaze těm, kdo pláčou,
neboť oni budou potěšeni."

Byli jednou dva přátelé, kteří se měli velmi rádi. Starali se o sebe navzájem a měli se tak rádi, že byli ochotni obětovat i svůj vlastní život za toho druhého. Jednoho dne však jeden z nich zahynul v bitvě. Ten, který zůstal, až do večera oplakával svého přítele, který odešel.

„Stýská se mi po tobě, můj bratře Jónatane, byl jsi mi velmi milý, tvá láska ke mně byla úžasnější, než je láska ženy."
Ten muž vzal syna svého přítele a staral se o něho jako o svého vlastního. To je příběh Davida a Jonatána z 1. kapitoly 2 Samuelovy.

Zatímco žijeme na tomto světě, čelíme mnoha smutným věcem, jako je smrt milovaných osob, bolest z nemocí, problémy v životě, finanční problémy atd. Nepřeháním, když řeknu, že život je neustálé utrpení.

Tělesný pláč, ne Boží vůle

V historii lidstva můžeme najít války, terorismus, hladomory a další pohromy, které se odehrávají na úrovni národů. Ale i jednotlivcům se děje mnoho smutných věcí a řeší spoustu problémů.

Někteří se rmoutí kvůli finančním problémům a jiní trpí bolestmi způsobenými nemocemi. Další mají zlomené srdce, protože se nevyplnily jejich plány a ještě jiní prolévají hořké slzy, protože je zradili jejich milovaní.

Tento druh pláče, způsobený smutnými událostmi, se nazývá tělesný pláč. Vychází ze špatných emocí člověka. Nikdy to není Boží vůle. Bůh nemůže utěšit tento druh tělesného pláče. Bible nám spíše říká, že Boží vůlí pro nás je stále se radovat (1 Tesalonickým 5:16). V knize Filipským 4:4 Bůh také říká: *„Radujte se v Pánu vždycky, znovu říkám, radujte se!"* Mnoho biblických veršů nás nabádá, abychom se radovali.

Někteří lidé se nad tím mohou podivovat a myslí si: „Umím se radovat, když se mám z čeho radovat, ale jak se mohu radovat, když trpím tolika problémy, bolestmi a strádáním?"

My se však můžeme radovat a vzdávat díky, protože jsme již Božími dětmi, které byly zachráněny a které získaly příslib nebeského království. Také, když jako Boží děti o něco žádáme, Bůh nás vyslyší a vyřeší naše problémy. Protože tomu věříme, můžeme se bezpochyby radovat a děkovat.

Rev. Dr. Myong-ho Cheong z našeho sboru, který je misionářem v Africe, káže evangelium na mnoha setkáních v 54 afrických zemích. Asi před deseti lety přestal pracovat jako univerzitní profesor a odešel za prací misionáře do Afriky. Brzy nato zemřel jeho jediný syn.

Spousta lidí z církve se jej snažila utěšit, ale on jen děkoval Bohu a spíše utěšovat členy církve. Byl vděčný, protože Bůh vzal jeho syna do nebeského království, kde není nářek, žal, bolest nebo nemoci a mohl se radovat, protože měl naději, že svého syna uvidí znovu v nebi.

Podobně, máme-li víru, nebudeme se tělesně rmoutit z toho, že nejsme schopni překonat své smutné emoce způsobené smutnými věcmi. Budeme moci se radovat v každé situaci. Dokonce, i když čelíme konkrétnímu problému, pokud budeme děkovat a modlit se s vírou, Bůh naši víru uvidí a bude působit. Bude působit pro dobro všeho, a tudíž se skutečných Božích dětí nebudou smutné situace týkat.

Bůh chce duchovní pláč

Co Bůh chce, není tělesný pláč, ale pláč duchovní. V Matoušovi 5:4 stojí: *„Blaze těm, kdo pláčou,"* a ‚pláč' zde znamená duchovní pláč po Božím království a spravedlnosti. O jaký druh duchovního pláče se zde jedná?

Za prvé se jedná o pláč pokání.

Když uvěříme v Ježíše Krista a přijmeme ho jako svého Spasitele, v srdci si pomocí Ducha svatého uvědomíme, že zemřel na kříži za naše hříchy. Jestliže ucítíme tuto Ježíšovu lásku, nastane u nás pláč pokání a budeme činit pokání, které se fyzicky projeví tím, že nám budou téct slzy a budeme mít plný nos.

Pokání znamená odvrácení se od života v hříchu, kdy jsme neznali Boha, k životu podle Božího slova. Když u nás nastane pláč pokání, bude z nás sejmuto břemeno našich hříchů a my budeme moci zakoušet radost vyvěrající z nitra našeho srdce.

Je to již více než 30 let, ale stále si jasně pamatuji na první probuzenecké setkání, které jsem navštívil po svém setkání s Bohem. Zde jsem prožil velký pláč pokání s tekoucími slzami a plným nosem, zatímco jsem poslouchal Boží slovo.

Ještě předtím, než jsem poznal Boha, jsem byl na sebe hrdý, že žiji správný a dobrý život. Ale při poslechu Božího slova a ohlížení se zpět na svůj uplynulý život jsem zjistil, že v něm bylo mnoho lživých věcí. Když jsem roztrhnul své srdce v pokání, mé tělo se cítilo tak lehce a svěže, jako by letělo. Také jsem získal důvěru, že mohu žít podle Božího slova. V té době jsem přestal kouřit a pít alkohol a začal jsem číst Bibli a navštěvovat ranní modlitební setkání.

I když přijmeme tuto milost pláče pokání, ve svém křesťanském životě se můžeme rmoutit pro jiné věci. Jakmile se staneme Božími dětmi, musíme zavrhnout hříchy a žít svatým životem podle Božího slova. Dokud však ve víře nedosáhneme dospělé míry, nejsme ještě dokonalí a občas se dopouštíme hříchů.

Pokud v takové situaci milujeme Boha, pak nám to před Bohem bude líto a budeme činit důkladné pokání doprovázené modlitbou: „Bože, pomoz mi, aby se mi taková věc už nikdy nestala. Dej mi sílu, abych mohl jednat podle tvého slova." Když budeme mít tento druh pláče, přijde shůry síla k zavržení hříchů.

Jak veliké požehnání je plakat!

Někteří věřící se dopouštějí těch stejných hříchů a znovu a znovu z nich činí pokání. Jedná se o případy, kdy je změna velmi pomalá nebo žádná změna není. Je to proto, že ve skutečnosti nečiní pokání z hloubi svého srdce, ačkoliv mohou říkat, že u nich nastal pláč pokání.

Představme si mladého člověka, který se zaplétá se špatnými přáteli a dělá spoustu špatných věcí. Žádá své rodiče o odpuštění, ale stále dělá stejné věci dokola. Pak se nejedná o opravdové pokání. Musí se obrátit zpět, přestat se stýkat se špatnými kamarády a začít tvrdě studovat. Až tehdy to lze považovat za opravdové pokání.

Podobně bychom neměli pokračovat v páchání stejných hříchů a kát se jen slovy, ale měli bychom nést ovoce pokání projevováním správných skutků (Lukáš 3:8).

Navíc, jak naše víra roste, a stáváme se vedoucími v církvi, neměl by u nás již nastávat pláč pokání. To neznamená, že bychom neměli plakat poté, co se dopustíme hříchu. Znamená to, že hříchy musíme zavrhovat, aby nebylo kvůli čemu plakat.

Také když neplníme své povinnosti, můžeme plakat v pokání. 1 Korintským 4:2 říká: „*Od správců se nežádá nic jiného, než aby byl každý shledán věrným.*" A tak musíme být věrní a nést dobré ovoce ve svých povinnostech. Pokud nebudeme, nastane u nás pláč pokání.

Jednou důležitou věcí zde je, že pokud nebudeme činit pokání a neobrátíme se zpět v případě, kdy neplníme své povinnosti, může se to stát hradbou z hříchů mezi námi a Bohem a následně již nebudeme pod Boží ochranou. Podobá se to situaci, kdy se starší dítě stále chová jako malé dítě a musí být celou dobu napomínáno.

Pokud však činíme pokání a pláčeme z hloubi svého srdce, Bůh nám sešle radost a pokoj. Bůh nám také dá důvěru v to, že to zvládneme. Dává nám sílu k plnění našich povinností. To je útěcha, kterou Bůh dává těm, kdo pláčou.

Dále následuje pláč pro bratry ve víře.

Bratři ve víře se někdy dopouštějí hříchů a jdou cestou smrti. V tomto případě, máme-li soucit, budeme mít o tyto bratry obavy a strach. Tak se budeme rmoutit, jako by šlo o naše vlastní záležitosti. Budeme jejich jménem dokonce činit pokání a s láskou se modlit, aby oni mohli jednat podle pravdy.

Tento zármutek a modlitby plné pláče pokání jejich jménem můžeme mít pouze tehdy, když k těmto duším cítíme skutečnou lásku. Bohu se tyto modlitby spojené s pláčem líbí a potěšuje nás.

Na druhou stranu jsou lidé, kteří soudí a odsuzují druhé a ztrpčují jim život místo toho, aby pro ně plakali a modlili se za ně. Někteří lidé také šíří nepravosti jiných lidí a to není v Božích očích správné. Chyby druhých musíme přikrývat s láskou a musíme se za ně modlit, ne se dopouštět hříchu.

V 7. kapitole knihy Skutků je zapsána mučednická smrt Štěpána. Židé byli uraženi tím, co Štěpán kázal. Když řekl, že jeho duchovní zrak se otevřel a on uviděl Pána Ježíše stát po pravici Boží, ukamenovali jej k smrti. A zatímco byl kamenován, modlil se Štěpán s láskou za ty zlé lidi, kteří jej kamenovali.

Když Štěpána kamenovali, on se modlil: ‚Pane Ježíši, přijmi mého ducha!' Pak klesl na kolena a zvolal mocným hlasem: ‚Pane, odpusť jim tento hřích!' To řekl a zemřel (Skutky 7:59-60).

Jaké bylo Ježíšovo jednání? Když byl křižován, všemožně se mu vysmívali a doráželi na něho, přesto se modlil za ty, kdo jej křižovali: „*Otče, odpusť jim, vždyť nevědí, co činí*" (Lukáš 23:34).

Když podstupoval bolest na kříži, stále se modlil za odpuštění hříchů pro ty, kteří jej křižovali, ačkoliv byl zcela bez viny. Skrze toto můžeme pochopit, jak hluboká, široká a velká byla Ježíšova láska k lidským duším. To je správný postoj srdce v Božích očích. To je srdce, se kterým můžeme získat požehnání.

Je tu také pláč po záchraně více duší.

Když Boží děti vidí ty, kdo jsou potřísněni hříchem tohoto světa a jdou po cestě zkázy, musí mít milující soucit toužící po tom, aby tito lidé získali milost. Dnes stejně jako za časů Noeho převažují hřích a zlo. Ona generace byla potrestána potopou. Sodoma a Gomora byly potrestány ohněm.

Proto bychom měli plakat pro své rodiče, bratry a sestry, příbuzné a sousedy, kteří ještě nebyli spaseni. Měli bychom také plakat pro svůj národ a lid, církve a věci, které narušují Boží království. To znamená, že bychom měli plakat po záchraně duší.

Apoštol Pavel se vždy staral a plakal pro Boží království a spravedlnost a pro lidské duše. Byl pronásledován a prošel mnohými útrapami s evangeliem na rtech. Byl dokonce vězněn. Neplakal však pro své osobní utrpení, ale pouze vzdával Bohu chválu a modlil se k němu (Skutky 16:25). O to víc ale plakal pro království Boží a lidské duše.

A nadto ještě na mne denně doléhá starost o všechny církve. Je někdo sláb, abych já nebyl sláb spolu s ním? Propadá někdo pokušení, abych já se tím netrápil? (2 Korintským 11:28-29).

Buďte proto bdělí a pamatujte, že jsem se slzami v očích po tři roky ve dne v noci každému z vás neustále ukazoval cestu (Skutky 20:31).

Když věřící nestojí pevně na Božím slově nebo když církev nezjevuje Boží slávu, lidé jako Pavel budou plakat a mít kvůli tomu starosti.

Také když jsou pronásledováni pro Boží jméno, nepláčou proto, že je to pro ně těžké. Spíše pláčou pro duše druhých lidí.

Navíc, když vidí, že se svět noří do stále větší temnoty, pláčou a modlí se, aby byla ještě více zjevena Boží sláva a ještě více duší zachráněno.

Potřeba duchovní lásky k duchovnímu pláči

Co teď dělat, abychom plakali duchovně, což je to, co Bůh chce? Aby u nás mohl nastat duchovní pláč, musíme mít v sobě především duchovní lásku. Jak je řečeno v Janovi 6:63: „*Co dává život, je Duch, tělo samo nic neznamená,*" pouze ten druh lásky, kterou Bůh rozpoznává, dává život a je schopen vést lidi na cestu spasení. I když se někomu zdá, že má spoustu lásky, je-li jeho láska vzdálena od pravdy, je to jen tělesná láska.

Lásku lze rozdělit na tělesnou lásku a duchovní lásku. Tělesná láska je láska, která hledá pouze sama sebe. Je to pomíjivá láska, která se nakonec změní a pomine. Na druhou stranu, duchovní láska se nikdy nezmění. Je to láska v rámci Božího slova, které je pravdou. Je to pravá láska, která hledá prospěch druhých, zatímco se sama obětuje.

Duchovní lásku nelze získat lidskými silami. Takovou lásku můžeme dávat pouze tehdy, až si uvědomíme Boží lásku a budeme přebývat v pravdě. Máme-li duchovní lásku, která je láskou, jež dokáže milovat i naše nepřátele a vzdát se života pro druhé, pak nám Bůh hojně požehná. S touto láskou můžeme dávat život všude tam, kam půjdeme, a spousta lidí se vrátí k Pánu.

Navíc, máme-li v srdci duchovní lásku, můžeme plakat pro umírající duše a modlit se za ně. Díky této lásce se mohou změnit i lidé se zatvrzelým srdcem a to může dát život a víru.

Otcové víry, které Bůh miloval, měli tento druh duchovní lásky a modlili se za duše, které šly cestou zkázy. Modlili se v slzách a plakali pro Boží království a spravedlnost. Neprolévali jen slzy, ale také se dnem i nocí starali o jiné duše a byli věrní svým povinnostem.

O skutečný duchovní pláč se jedná pouze tehdy, když je následován skutky hlásání slova, modlitbami a péčí o duše s láskou k nim. Máme-li duchovní lásku, budeme také duchovně plakat pro Boží království a spravedlnost.

Jak je řečeno v Matouši 6:33: „*Hledejte především jeho království a spravedlnost, a všechno ostatní vám bude přidáno,*" duch a duše se změní, bude dosaženo Božího království a Bůh přidá v hojnosti další nezbytné věci.

Požehnání pro ty, kdo pláčou

Jak je řečeno v Matoušovi 5:4: „*Blaze těm, kdo pláčou, neboť oni budou potěšeni,*" pokud duchovně pláčeme, Bůh nás potěší.

Potěšení, které nám dává Bůh, se liší od potěšení, které nám mohou poskytnout lidé. 1 Janův 3:18 říká: „*Dítky, nemilujme pouhým slovem, ale opravdovým činem.*" Jak Bůh řekl, nepotěšuje nás pouhými slovy, ale také hmotnými věcmi. Těm, kdo jsou chudí, dává Bůh požehnání v podobě financí. Těm, kdo trpí nemocemi, dává Bůh zdraví. Těm, kdo se modlí za touhy svého srdce, Bůh odpovídá na jejich modlitby. Bůh také dává sílu těm, kdo pláčou, protože nemají dostatek síly plnit své povinnosti. Těm, kdo pláčou pro lidské duše, dává Bůh ovoce evangelizace a probuzení. Navíc těm, kdo roztrhají své srdce a pláčou, aby zavrhli hříchy, Bůh dává milost spočívající v odpuštění hříchů. Rovněž jim Bůh do té míry, do jaké zavrhují své hříchy a stávají se posvěcenými, žehná v podobě projevů velkých a mocných Božích skutků, jako to udělal v případě apoštola Pavla.

Před několika lety jsem procházel velkými obtížemi, při kterých byla ohrožena existence celé naší církve. Velmi jsem plakal pro lidi, kteří na církev uvalili zkoušky a pro její členy, kteří byli bez viny, avšak přesto pronásledováni. Kvůli členům, kteří měli slabou víru a opustili církev, jsem dokonce nemohl ani jíst a spát.

Protože jsem věděl, jak velkým hříchem je narušit Boží církev, prolil jsem mnoho slz nad dušemi, které církvi přinesly problémy. Zejména když jsem viděl duše, které sotva uslyšely falešné zvěsti, opustily církev a postavily se proti Bohu, musel jsem velmi plakat a cítil jsem se odpovědný za to, že jsem jim nevěnoval dostatečnou péči. Ubyl jsem mnoho na váze a dělalo mi problémy dokonce jen chodit. Stále jsem třikrát týdně kázal. Někdy jsem se třásl, ale kvůli obavám o členy církve jsem musel zůstat na svém místě. Bůh viděl toto mé srdce a kdykoliv jsem se modlil, potěšoval mě slovy: „Miluji tě. Toto je požehnání."

Požehnání v podobě získání Boží útěchy

Když nadešel pravý čas, Bůh vyřešil všechna nedorozumění jedno po druhém a pro naše členy církve to byla příležitost k růstu ve víře. Bůh začal projevovat tak úžasné skutky své moci, které nebylo možno srovnat s čímkoliv předtím. Ukázal nám mnoho znamení a zázraků a výjimečných věcí.

Zachránil církev před kolapsem a místo toho nám dal požehnání v podobě probuzení církve. Také doširoka otevřel dveře ke světové misii. Na zahraničních kampaních poslal stovky, pak tisíce a milióny lidí, aby se shromáždili, slyšeli evangelium a přijali spasení. Byla to pro nás nesmírná odměna a radost!

‚Festival zázračného uzdravování a modliteb v Indii v roce 2002' se konal na druhé nejdelší pláži na světě, na Marina Beach v Indii. Navštívilo jej odhadem více než 3 milióny lidí. Mnoho z nich bylo uzdraveno a mnoho hinduistů konvertovalo.

Boží útěcha přichází v požehnání, které si nedokážeme ani přinejmenším představit. Bůh nám dává, co nejvíc potřebujeme a víc než to. Dává nám také odměnu v nebeském království, a proto se jedná o skutečné požehnání.

Ve Zjevení 21:4 stojí: „*A setře jim každou slzu s očí. A smrti již nebude, ani žalu ani nářku ani bolesti už nebude – neboť co bylo, pominulo.*" Jak je zde řečeno, Bůh nám odplatí slávou a odměnou v nebi, kde nebude žádný pláč, žal ani bolest.

Nebeské příbytky těch, kdo vždy pláčou a modlí se za Boží království a Boží církev, budou naplněny zlatem, mnoha drahými kameny a dalšími odměnami. Zejména pak budou ozdobeny velkými zářícími perlami. Dokud není perla hotova, mušle musí vydržet dlouhou bolest a protřepávání a vylučuje krystalickou látku, kdy z části sebe tvoří perlu.

Stejně tak, zatímco jsme tříbeni na této zemi, tak pokud prolévame slzy, abychom se změnili, a modlíme se s pláčem za Boží království a další duše, Bůh nás utěší perlou symbolizující všechny tyto věci.

Proto neplačme tělesným způsobem, ale duchovně a pouze pro Boží království a další duše. Tak nás Bůh utěší a také obdržíme cennou odměnu v nebeském království.

Kapitola 3
Třetí požehnání

Blaze tichým,
neboť oni dostanou zemi za dědictví

Matouš 5:5

„Blaze tichým,
neboť oni dostanou zemi za dědictví."

Když byl Lincoln ve svém mladším věku ještě neznámým právníkem, žil právník jménem Edwin M. Stanton, který neměl Lincolna rád. Jednou bylo Stantonovi řečeno, že se má jednoho případu ujmout spolu s Lincolnem, on na to bouchnul dveřmi a odešel.

„Jak mám pracovat s tím vesnickým právníkem?"

Když za nějaký čas zvolený prezident Lincoln tvořil svůj kabinet, jmenoval Stantona dvacátým sedmým ministrem války Spojených států. Lincolnovi poradci byli překvapeni a žádali jej, aby své jmenování přehodnotil. Bylo to proto, že Stanton jednou veřejně kritizoval Lincolna se slovy, že kdyby byl zvolen prezidentem, byla by to „národní pohroma."

„Co na tom záleží, že se na mě dívá spatra? Má skvělý smysl pro povinnost a je schopen překonávat obtížné situace. Je více než způsobilý se stát ministrem války."

Lincolnovo srdce bylo stejně tak široké jako mírné. Byl schopen pochopit a přijmout i takového člověka, který jej kritizoval. Nakonec i Stanton k Lincolnovi získal respekt, a když umíral, prohlásil o něm: „Lincoln byl nejdokonalejší vládce, jakého kdy svět viděl."

Projevování dobrého a mírného srdce je pro změnu a vyzdvihování dobrých stránek člověka, který nás nemá rád, lepší než odpor a odmítání.

Duchovní tichost uznávaná Bohem

Lidé obecně říkají, že být introvertní, plachý, mírný, s umírněným a poddajným temperamentem znamená být tichý. Ale Bůh říká, že ti, kteří jsou tiší a také počestní, jsou opravdu tiší.

,Počestnost' zde znamená ,věci, které jsou řádné, správné a přímého srdce.' Být počestný v Bohu znamená jednat čestně při styku s druhými lidmi, mít důstojnost a být vyzbrojen ve všech oblastech.

Zdá se, že tichost a počestnost jsou si podobné, ale je mezi nimi jasný rozdíl. Tichost je více niterná, zatímco počestnost je něco jako oblečení, které vnímáme navenek. I když je někdo skvělá osobnost, pokud si neobléká vhodné šaty, shodí to jeho představu elegance a důstojnosti. Podobně, nejsme-li počestní a zároveň tiší, nemůže tu jít o dokonalost. Také, třebaže působíme počestně, tak pokud nejsme tiší uvnitř, je to bezcenné. Je to jako prázdná skořápka.

Duchovní tichost, kterou Bůh uznává, není pouze o tom mít mírný charakter; také to znamená mít v sobě počestnost. Potom budeme moci mít široké srdce, které přijme mnoho lidí, stejně jako velký strom, který hází velký stín, ve kterém si lidé mohou odpočinout.

Protože Ježíš byl tichý, nehádal se ani nehulákal a jeho hlas nebyl slyšet na ulici. Se stejným srdcem se staral o dobré i špatné lidi, a tak jej mnozí lidé následovali.

Počestnost, která přijímá mnohé

V korejské historii žil král, který měl tichý charakter. Byl to Sejong Veliký. Nejenom, že měl tichý charakter, ale byl také počestný. Jeho služebníci a jeho lid jej milovali. V jeho době žili velcí učenci jako Hwang Hee a Maeng Sa Sung. Co je však nejdůležitější, úspěšně vytvořil ‚Hangul', korejskou abecedu. Reformoval zdravotnictví a také kovový sazeč písmen. Ustanovil mnoho lidí do různých oblastí včetně hudby a vědy a dosáhl mimořádných kulturních úspěchů. Takže můžete vidět, že pokud někdo obdrží tichost spolu s počestností, mnoho lidí v něm může najít odpočinutí a ovoce toho všeho je nádherné.

Ti, kdo jsou tiší, mohou dokonce přijímat i ty, kteří mají jiné názory a vzdělání. V žádném případě zle nesoudí ani neodsuzují. V každé situaci chápou druhé z jejich pohledu. Jejich srdce lze popsat jako dostatečně shovívavé a klidné, aby mohli v pokoře sloužit druhým.

Pokud hodíme kámen na tvrdý kov, způsobí hlasitý zvuk. Pokud hodíme kámen na sklo, roztříští jej. Ale pokud hodíme kámen do balíku vaty, nezpůsobí hluk ani se nic nerozbije, protože vata kámen pohltí.

Podobně ten, kdo je tichý, neopustí ani ty, kdo mají slabou víru a jednají zle. Vyčká až do konce na jejich proměnu a povede je směrem k lepšímu jednání. Jeho slova nebudou hlasitá ani zhoubná, ale shovívavá a tichá. Nebude říkat bezvýznamné věci, ale jen slova pravdy, která jsou nezbytná.

A i když jej budou někteří nenávidět, neurazí se a nebude k nim chovat špatné emoce. Když dostane radu nebo je pokárán, přijme to s radostí jako výzvu, aby se zlepšil. Takový člověk nebude mít žádné problémy s jinými lidmi. Bude chápat nedostatky druhých a bude je přijímat, a tak získá srdce mnohých.

Tříbit srdce a dělat z něj dobrou půdu

Abychom měli duchovní tichost, musíme se snažit usilovně tříbit živnou půdu svého srdce. Ve 13. kapitole Matoušova evangelia je zapsáno Ježíšovo podobenství o čtyřech druzích půd, které je přirovnává k našemu srdci.

Zrna, která padla podél cesty, nebyla schopna vzklíčit a zakořenit. Člověk s podobným srdcem neuvěří ani poté, co uslyší Boží slovo. Člověk s tímto srdcem je tvrdohlavý; neotevře své srdce ani poté, co uslyší pravdu, takže se nemůže setkat s Bohem. I když může navštěvovat církev, je to jen chodič. Slovo v něm není zaseto, takže jeho víra nemůže vzklíčit, zakořenit a růst.

Zrna na skalnaté půdě mohou vzklíčit, ale úroda z nich neporoste kvůli skále. Člověk s tímto srdcem není ve víře ujištěn ani poté, co poslouchá Boží slovo. Ve zkouškách selhává a padá. Zná Boha a přijímá plnost Ducha, takže je lepší než půda ‚podél cesty.' Jelikož však jeho srdce není tříbeno v pravdě, usychá a umírá a po tříbení nepřicházejí žádné skutky.

Zrna na trnité půdě mohou vzklíčit a vyrůst, ale kvůli trní nemohou nést ovoce. Člověka s takovým srdcem vedou jeho touhy, pokušení penězi, obavy tohoto světa a jeho vlastní plány a myšlenky, takže za žádných okolností nemůže zakusit Boží moc.

Zrna v dobré půdě mohou vyrůst a nést ovoce, kterého je 30x, 60x či 100x více než původních zrn. Člověk s tímto srdcem bude na Boží slovo, které uslyší, reagovat pouze slovy ,Ano' a ,Amen', takže může nést v každé záležitosti hojné ovoce. To je ten druh tichého srdce, po kterém touží Bůh.

Pojďme prozkoumat, jaké srdce máme my. Samozřejmě je obtížné přesně rozlišovat mezi různými srdci, zda jsou podél cesty, na skalnaté půdě, v trní nebo v dobré půdě, jako bychom používali měřítko. ,Podél cesty' může být také skalnatá půda a i když jsme na dobré půdě, do našeho srdce mohou postupně, jak rosteme, proniknout lži, které jsou jako skála.

Ale bez ohledu na to, jaký druh srdce podle půdy máme, pokud ho usilovně tříbíme, můžeme z něj udělat dobrou půdu. Stejně tak je důležitější, jak usilovně se snažíme tříbit své srdce, než to, jaký druh srdce máme.

Stejně jako farmář vybírá kameny, vytrhává plevel a hnojí zem, aby z ní měl dobrou půdu a následně bohatou úrodu, tak pokud ze svého srdce odstraníme formy zla jako nenávist, závist, žárlivost, hádky, souzení a odsuzování, můžeme mít srdce jako dobrou půdu, která je bohatá na dobrotu a má tichý charakter.

Modlit se s vírou až do konce a zavrhnout zlo

Abychom mohli tříbit své srdce, musíme nejprve uctívat v duchu a pravdě, naslouchat slovu a rozumět mu. Dokonce i v těžkostech se musíme vždy radovat, neustále se modlit, za všech okolností děkovat a spolu s tím se snažit odstranit ze svého srdce zlo.

Pokud žádáme Boha o sílu vroucími modlitbami a snažíme se žít podle slova, pak můžeme obdržet Boží milost a sílu a pomoc Ducha svatého, abychom mohli rychle zavrhnout zlo.

I když je půda velmi dobrá, tak pokud nesejeme zrna a nestaráme se o úrodu, pak nebudeme mít žádnou sklizeň. Podobně, důležité je, abychom to nezkusili jen jednou či dvakrát a pak přestali, ale musíme se modlit s vírou až do konce. Protože víra je to, v co doufáme (Židům 11:1), musíme se usilovně snažit a modlit se s vírou. Pouze tehdy budeme moci bohatě sklízet.

Dokonce i v procesu zavrhování zla z našeho srdce si můžeme myslet, že jsme se zla do určité míry zbavili, ale pak se může ukázat, že zlo postupně vyplouvá napovrch. Je to jako když loupáme cibuli. I po odstranění několika vrstev má stále stejnou slupku. Ale pokud se nevzdáme a budeme zavrhovat zlo až do konce, budeme mít nakonec tiché srdce, ve kterém nebude žádné zlo.

Tichost Mojžíše

Když Mojžíš vedl Izraelce po dobu čtyřiceti let od vyjití z Egypta do kenaanské země, čelil mnoha obtížným situacím. Jen dospělých mužů bylo 600 000. Včetně žen a dětí musel počet lidí překročit 2 miliony. Musel vést tolik lidí čtyřicet let pouští, kde nebylo jídlo ani voda. Umíme si jen stěží představit, kolik obtížných překážek musel překonat! Pronásledovala je egyptská armáda (Exodus 14:9) a před nimi stálo Rudé moře. Ale Bůh před nimi Rudé moře otevřel, aby jej mohli přejít suchou nohou (Exodus 14:21-22). Když nebyla na poušti žádná pitná voda, Bůh způsobil, že voda vytryskla ze skály (Exodus 17:6). Bůh dále změnil hořkou vodu ve sladkou (Exodus 15:23-25). Když nebylo žádné jídlo, Bůh je nakrmil manou a křepelkami (Exodus, kapitoly 14-17). Přesto, že se Izraelci stali svědky moci živého Boha, tak si pokaždé, když nastal problém, stěžovali Mojžíšovi.

Izraelci jim vyčítali: „Kéž bychom byli zemřeli Hospodinovou rukou v egyptské zemi, když jsme sedávali nad hrnci masa, když jsme jídávali chléb do sytosti. Vždyť jste nás vyvedli na tuto poušť, jen abyste celé toto shromáždění umořili hladem" (Exodus 16:3).

Lid tam žíznil po vodě a reptal proti Mojžíšovi. Vyčítali: „Proto jsi nás vyvedl z Egypta, abys nás, naše syny a stáda umořil žízní?" (Exodus 17:3).

Žehrali jste na něj ve svých stanech a říkali: „Hospodin nás vyvedl z egyptské země z nenávisti, aby nás vydal do rukou Emorejců, a tak nás vyhladil" (Deuteronomium 1:27).

Někteří z nich se dokonce pokoušeli Mojžíše ukamenovat. Mojžíš musel s těmito lidmi zůstat po dobu čtyřiceti let, kdy je vyučoval v pravdě a vedl do kenaánské země. Jen na základě této skutečnosti si můžeme představit úroveň jeho tichosti.

Proto jej Bůh chválil v Numeri 12:3 slovy: *„Mojžíš však byl nejpokornější ze všech lidí, kteří byli na zemi."*

Ale není tomu tak, že by Mojžíš měl v sobě tuto tichost od počátku. Měl takový temperament, že zabil Egypťana, který týral židovského muže. Měl také velikou sebedůvěru vyplývající z toho, že byl egyptským princem. Ale úplně se ponížil a pokořil, když čtyřicet let pečoval o své stádo v midjánské poušti.

Kvůli vraždě Egypťana musel opustit faraónův palác a stal se uprchlíkem. Nakonec si během života v poušti uvědomil, že nic nezvládne jen svými vlastními silami. Ale potom, co tento čas strávil tříbením, stal se tak tichým člověkem, že dokázal přijmout úplně každého.

Rozdíl mezi tělesnou a duchovní tichostí

Obvykle mají ti, kdo jsou tiší v tělesném slova smyslu, klidnou a mírnou povahu. Nemají rádi žádné hlasité zvuky ani rachot. A tak můžeme vidět, že i v oblasti nepravd bývají poněkud nerozhodní. Když se ocitnou v nepříjemné situaci, dokážou to uvnitř potlačit, ale v nitru srdce trpí. Jakmile situace překročí meze, které jsou schopni tolerovat, mohou vybuchnout a překvapit tak mnoho lidí. Také nemají dostatečné nadšení k tomu, aby byli věrní v plnění povinností, takže nakonec nenesou ovoce.

Mít mírnou a introvertní povahu tady není ten druh tichosti, jaký by se líbil Bohu. Lidí si mohou myslet, že toto je tichost, ale v očích Boha, který zkoumá srdce, nelze tuto povahu vidět jako tichost.

Avšak ti, kteří dosáhnou duchovní tichosti srdce tím, že zavrhnou nepravdu ze svého srdce, budou nést hojné ovoce v různých aspektech evangelizace a probuzení, právě tak jako dobrá půda dokáže produkovat bohatou sklizeň.

Rovněž z duchovního pohledu ponesou ovoce světla (Efezským 5:9), ovoce duchovní lásky (1 Korintským 13:4-7) a ovoce Ducha svatého (Galatským 5:22-23). Tímto způsobem se stanou lidmi ducha, a tak rychle dostávají odpovědi na své modlitby.

Navíc jsou ti, kdo jsou duchovně tiší, silní a odvážní v pravdě. Když musí vyučovat pomocí pravdy, dokážou být přísnými učiteli. Když vidí takové duše, které páchají hříchy před Bohem, dokážou mít také sílu a odvahu s láskou kárat a napomínat druhé bez ohledu na to, o koho jde.

Například Ježíš byl nejtišší ze všech, ale co se týče věcí, které nebyly správné podle pravdy, tvrdě lidi káral. A sice, netoleroval znesvěcování Božího chrámu.

V chrámu našel prodavače dobytka, ovcí a holubů i penězoměnce, jak sedí za stoly. Udělal si z provazů bič a všechny z chrámu vyhnal, i s ovcemi a dobytkem, směnárníkům rozházel mince, stoly zpřevracel a prodavačům holubů poručil: "Pryč s tím odtud! Nedělejte z domu mého Otce tržiště" (Jan 2:14-16).

Také přísně káral farizeje a zákoníky, kteří vyučovali v nepravdě, a kteří šli proti Božímu slovu (Matouš 12:34; 23:13-35; Lukáš 11:42-44).

Úroveň duchovní tichosti

Jednu věc bychom měli vědět, a to že existuje tichost v duchovní lásce ve 13. kapitole 1 Korintským a také duchovní tichost, která patří mezi devět druhů ovoce Ducha svatého v 5. kapitole knihy Galatským.

Čím se odlišují od tichosti v blahoslavenství? Samozřejmě, že tyto tři věci nejsou úplně stejné. Základní význam spočívá v tom být jemný a mírný a zároveň mít lásku a počestnost. Ale hloubka a šířka každé z těchto tichostí je jiná.

Za prvé, tichost v duchovní lásce je nejzákladnější úroveň tichosti pro dosažení lásky. Tichost v devíti druzích ovoce Ducha svatého má širší význam; je to tichost v každém ohledu.

Tichost v ovoci Ducha je to, co se zrodilo jako ovoce v srdci a když se toto ovoce uplatňuje a přináší požehnání, jedná se o tichost z blahoslavenství.

Například můžeme říct, že když máme hojnost dobrého ovoce na překrásném stromě, nazýváme to „ovoce Ducha svatého", ale když toto ovoce vezmeme, aby přineslo užitek našemu tělu, je to ovoce z blahoslavenství. Proto můžeme říct, že tichost z blahoslavenství stojí na vyšší úrovni.

Požehnání pro duchovně tiché

Jak je napsáno v Matoušovi 5:5: *„Blaze tichým, neboť oni dostanou zemi za dědictví,"* budeme-li duchovně tiší, dostaneme zemi za dědictví.

,Dostat zemi za dědictví' zde neznamená, že na této zemi dostaneme nějakou půdu, ale že dostaneme zemi ve věčném nebeském království (Žalm 37:29).

Dědictví je způsob získání majetku, jmění nebo vlastnictví z minulých generací. Vlastnictví dědictví druzí obvykle uznávají více, než jiný majetek, který byl koupen za peníze.

Pokud má někdo například kus půdy, která v rodině přecházela z generace na generaci, budou o tom obvykle vědět všichni sousedé okolo. Rodina si to udržuje jako něco vzácného a předává to svým dětem. Dostat zemi za dědictví proto znamená, že ji určitě dostaneme jako svou vlastní zem.

Jaký je potom důvod k tomu, aby Bůh dával zemi v nebeském království těm, kdo mají duchovní tichost? V Žalmu 37:11 stojí: *„Ale pokorní obdrží zemi a bude je blažit dokonalý pokoj."* Jak je zde řečeno, je to kvůli tomu, že tiší jsou počestní a dokážou přijmout mnoho lidí.

Ten, kdo je tichý, umí zapomenout na chyby druhých, pochopit je a přijmout je, takže u něj může mnoho lidí získat odpočinutí a těšit se z pokoje.

Když někdo získá srdce mnohých, stane se duchovní autoritou a dokonce i v nebeském království bude mít vyšší postavení. Tudíž přirozeně získá jako dědictví velký kus země.

Duchovní autorita, která zdědí zemi v nebeském království

Člověk může na tomto světě získat postavení pouze tím, že je bohatý a slavný, ale v nebeském království získají duchovní autoritu ti, kteří se pokoří a slouží druhým.

Ne tak bude mezi vámi: kdo se mezi vámi chce stát

velkým, buď vaším služebníkem; a kdo chce být mezi vámi první, buď vaším otrokem. Tak, jako Syn člověka nepřišel, aby si dal sloužit, ale aby sloužil a dal svůj život jako výkupné za mnohé (Matouš 20:26-28).

„Amen, pravím vám, jestliže se neobrátíte a nebudete jako děti, nevejdete do království nebeského. Kdo se pokoří a bude jako toto dítě, ten je největší v království nebeském" (Matouš 18:3-4).

Budeme-li jako děti, naše srdce se co nejponíženěji pokoří. Získáme tak srdce mnoha lidí na této zemi a staneme se těmi, kteří budou velcí v nebi.

Podobně, když někdo přijme srdce mnoha lidí s duchovní tichostí, Bůh mu dá odpovídající kus země, aby si navždy mohl vychutnávat svou autoritu. Pokud nezískáme dostatek země v nebi, jak potom může být postaven velký a skvělý příbytek?

Předpokládejme, že jsme udělali spoustu práce pro Boha a získali spoustu materiálu pro stavbu svého domu v nebi, ale pokud máme málo půdy, nemůžeme tak velký dům postavit.

Proto ti, kteří jdou do nového Jeruzaléma, dostanou velký kus země, protože dosáhli úplné duchovní tichosti. Jejich domy budou velké a nádherné, protože mají rozsáhlou zemi.

Každý dům zde bude mít také co nejvhodněji uzpůsobené přirozené prostředí jako nádherně udržované zahrady, jezera, údolí a kopce. Budou zde i další věci jako bazény, hřiště, taneční sály, atd. Tak Bůh pečuje o vlastníky domů, aby pozvali ty, které přijali a pomáhali jim růst v duchu, na hostinu a věčně spolu sdíleli duchovní lásku.

I dnes Bůh usilovně hledá ty, kdo jsou tiší. A to, aby jim uložil povinnost získat co nejvíce duší a vést je k pravdě. Také jim chce dát velký kus země jako dědictví v nebeském království. Proto se usilovně snažme dosáhnout posvěcení a tichosti srdce, abychom mohli zdědit zemi v království nebeském.

Kapitola 4
Čtvrté požehnání

Blaze těm, kdo hladovějí a žízní po spravedlnosti,
neboť oni budou nasyceni

Matouš 5:6

„Blaze těm, kdo hladovějí a žízní po spravedlnosti, neboť oni budou nasyceni."

Jedno korejské přísloví říká: „Pokud člověk nejí tři dny, stane se z něj zloděj." Je to o bolesti z hladu. I ten nejsilnější muž neudělá nic, pokud je ochromen hladem.

Je těžké i jen vynechat několik jídel a představte si, jaké by to bylo, kdybyste nemohli jíst jeden, dva či tři dny.

Nejprve cítíte, že máte hlad, ale jak jde čas, začne vás bolet žaludek a polije vás studený pot. Začne vás bolet celé tělo a zhorší se vaše tělesné funkce. Bude vás provázet extrémní touha po jídle. Bude-li to pokračovat, můžete přijít i o život.

I dnes lidé trpí krutým hladomorem a válkami, kdy dokonce jedí jedovaté rostliny. Spousta lidí žije ze dne na den tak, že nacházejí něco k snědku v popelnicích a na skládkách.

Ale ještě nesnesitelnější než hlad je žízeň. Je všeobecně známo, že 70% lidského těla tvoří voda. Ztratíme-li pouhé 2% tekutiny v těle, budeme mít velkou žízeň. Ztratíme-li 4%, naše tělo zeslábne a můžeme dokonce ztratit vědomí. Pokud ztratíme 10%, můžeme zemřít.

Voda je pro lidské tělo absolutně nezbytným prvkem. Někteří cestovatelé na poušti pod spalujícím sluncem mohou mít kvůli extrémní žízni fata morgánu, kdy mají za to, že vidí oázu a přicházejí pak o život.

Mít hlad a žízeň je skutečně bolestivé a člověk kvůli tomu může přijít o život. Proč tedy Bůh říká, že blaze bude těm, kdo hladovějí a žízní po spravedlnosti?

Ti, kdo hladovějí a žízní po spravedlnosti

Spravedlnost není jen podstatné jméno pro „být spravedlivý." *Merriam-Websterův slovník (The Merriam-Webster Online Dictionary)* definuje „spravedlnost" jako „jednání ve shodě s božími či morálními zákony: bez viny či hříchu." Okolo sebe můžeme vidět lidi, kteří dokonce obětují své životy tomu, aby zachovávali nesprávný druh spravedlnosti mezi přáteli. Vystupují také proti společenským nezvyklostem a trvají na tom, že jejich víra je spravedlnost.

Ale Boží spravedlnost je něco úplně jiného. Je to o následování Boží vůle a praktikování slova našeho Boha, který je sám o sobě dobro a pravda. Vztahuje se na každý krok, který musíme udělat, dokud úplně neobnovíme ztracený Boží obraz a nestaneme se posvěcenými.

Ti, kdo hladovějí a žízní po spravedlnosti, budou nacházet potěšení v Božím zákoně a rozjímat nad ním ve dne i v noci, jak je napsáno v Žalmu 1:1-2. To proto, že Boží slovo obsahuje, co je Boží vůle a jaké skutky jsou spravedlivé skutky.

A stejně jako to vyznává žalmista, budou tito lidé toužit po Božím slově a zaobírat se jím ve dne i v noci. Nemá se jen uchovat ve formě vědomosti, ale má se aplikovat do našich životů.

Zrak mi slábne, vyhlížím tvou spásu, výrok tvé spravedlnosti (Žalm 119:123).

Dřív než začne svítat, na pomoc tě volám, čekám na tvé slovo. Mé oči se budí dřív než noční hlídky a přemýšlím o tom, co jsi řekl (Žalm 119:147-148).

Pokud skutečně známe Boží lásku, budeme dychtivě toužit po Božím slově, odtud hladovění a žíznění po spravedlnosti. Je to proto, že rozumíme tomu, že jediný Boží Syn Ježíš, který byl bez viny a bez poskvrny, vzal za nás utrpení a hanbu kříže na sebe. Hanbu a utrpení kříže vzal na sebe, aby vykoupil nás, kteří jsme všichni hříšní, z našich hříchů a dal nám věčný život.

Pokud věříme této lásce kříže, nemůžeme jinak, než žít podle Božího slova. Budeme přemýšlet: ‚Jak mohu odplatit Pánovu lásku a zalíbit se Bohu? Jak mám dělat to, co Bůh chce?' Podobně jako žíznivý jelen hledá pramen vody, budeme hledat tu spravedlnost, kterou chce Bůh.

Tudíž se budeme usilovně snažit poslouchat slovo, zavrhovat hříchy a konat pravdu.

Skutky těch, kdo hladovějí a žízní po spravedlnosti

Boží mocí jsem byl uzdraven z mnoha nemocí, se kterými si medicína nevěděla rady. Když jsem se tímto způsobem setkal s Bohem, toužil jsem po slovu Boha, který mi dal nový život. Abych slyšel a chápal více, navštěvoval jsem každé probuzenecké setkání a hledal Boha, abych jej blíže poznal.

Já miluji ty, kdo milují mne, a kdo mě za úsvitu hledají, naleznou mne (Přísloví 8:17).

Když jsem skrze bohoslužby poznal Boží vůli v tom, že mám cele zachovávat den odpočinku, dávat řádné desátky, a že bychom neměli před Boha předstupovat s prázdnýma rukama (Exodus 23:15), snažil jsem se toto slovo usilovně praktikovat.

Žíznil jsem po uskutečňování Božího slova spolu s díky vůči Bohu, který mě uzdravil a spasil.

Když proces uskutečňování Boží spravedlnosti začínal, uvědomil jsem si, že mám ve svém srdci nenávist. Pak jsem si pomyslel: „Co jsem zač, že k někomu cítím nenávist?"

Nenáviděl jsem ty, kteří zranili mé city, když jsem sedm let ležel nemocný na lůžku, ale jak jsem si uvědomil lásku Ježíše, který byl ukřižován a prolil za mě svou krev a vodu, usilovně jsem se modlil za odstranění této nenávisti.

Volej ke mně a odpovím ti. Chci ti oznámit veliké a nedostupné věci, které neznáš (Jeremjáš 33:3).

Zatímco jsem se modlil a přemýšlel o tom z jiného úhlu pohledu, dokázal jsem pochopit, že tito lidé ve své situaci jednali tak, jak jednali.

Když jsem poznal, jak zlomené srdce museli mít, když viděli mou beznaděj, všechna nenávist ve mně se vytratila a já jsem začal milovat každého člověka z hloubi svého srdce.

Také jsem měl na mysli slova z Bible, která nám říkají, že

existují určité věci, které musíme ‚dělat', ‚nedělat', ‚zachovávat' a ‚zavrhovat.' Začal jsem je uskutečňovat. Každou hříšnou část své povahy, kterou bylo třeba odstranit, jsem si zapsal do notesu a začal jsem ji odstraňovat modlitbami a půstem. Když jsem si byl jistý, že jsem ji odstranil, přeškrtl jsem ji červeným perem. Přeškrtnutí všech hříšných částí mé povahy, které jsem si zapsal do notesu, zabralo tři roky.

1 Janův 3:9 říká: *„Kdo je narozen z Boha, nedopouští se hříchu, protože Boží símě v něm zůstává; ba ani nemůže hřešit, protože se narodil z Boha."* Když hladovíme a žízníme po spravedlnosti a dodržujeme a praktikujeme Boží slovo, je to důkaz, že patříme Bohu.

Jíst maso a pít krev Syna člověka

Co je nejdůležitější pro ty, kdo hladovějí a žízní? Samozřejmě, že je to jídlo, které zažene hlad a pití, které uhasí žízeň. Budou dokonce vzácnější než jakýkoliv drahý kámen.

Dva obchodníci vstoupili do stanu v poušti. Pozvolna se začali vychloubat svými drahokamy. Jeden arabský nomád, který je sledoval, jim začal vyprávět svůj příběh.

Tento nomád kdysi velmi miloval drahokamy. Když jednou přecházel poušť, přepadla ho písečná bouře. Několik dní neměl, co jíst a byl vyčerpaný. Tu našel pytel a otevřel jej. Byl plný perel, které míval tak rád.

Myslíte, že byl šťastný, že našel perly, které se mu tolik líbily?

Ve skutečnosti ne, namísto toho upadl do velkého zoufalství. Co v té chvíli nejvíce potřeboval, nebyly perly, ale jídlo a pití. Co s perlami, když umíráte hlady?

S naším duchem je to stejné. V Janovi 6:55 Ježíš řekl: „*Neboť mé tělo je pravý pokrm a má krev pravý nápoj.*" V Janovi 6:53 také řekl: „*Amen, amen, pravím vám, nebudete-li jíst tělo Syna člověka a pít jeho krev, nebudete mít v sobě život.*" Pro svého ducha totiž potřebujeme získat duchovní život a těšit se z požehnání, že budeme naplněni tím, že jíme tělo a pijeme krev Ježíše Krista.

Tělo Syna člověka, Ježíše, symbolizuje Boží slovo. Jíst jeho tělo znamená přijímat a mít na paměti Boží slovo zapsané v 66 knihách Bible. Pít krev Ježíše znamená s vírou se modlit a praktikovat Boží slovo, jakmile ho přečteme, uslyšíme a naučíme se z něj něco.

Proces růstu těch, kdo hladovějí a žízní po spravedlnosti

2. kapitola prvního Janova listu obsahuje detailní popis růstu v duchovní víře a zachovávání věčného života skrze to, že jíme tělo a pijeme krev Syna člověka.

Píšu vám, děti, že jsou vám odpuštěny hříchy pro jeho jméno. Píšu vám, otcové, že jste poznali toho, který je od počátku. Píšu vám, mládenci, že jste zvítězili nad Zlým. Napsal jsem vám, děti, že jste poznali Otce. Napsal jsem vám, otcové, že jste poznali toho, který jest od počátku. Napsal jsem vám, mládenci, že jste silní a slovo Boží ve vás zůstává, a tak jste zvítězili nad Zlým (1 Janův 2:12-14).

Když člověk, který nezná Boha, přijme Ježíše Krista a jsou mu odpuštěny hříchy, dostane Ducha svatého a následně právo stát se Božím dítětem. Znamená to, že je jako novorozeně. Přitom jak novorozeně roste a stává se dítětem, poznává více a více Boží vůli, stejně jako dítě poznává svou maminku a tatínka, ale není schopno úplně praktikovat slovo. Je to, jako když děti milují své rodiče, ale jejich myšlení není tak hluboké a nemohou zcela rozumět srdci svých rodičů.

Jakmile člověk projde dobou, kdy byl duchovní dítě, stane se mladým dospělým v duchu, který se sám ozbrojí slovem a modlitbou. Ví, co je hřích a učí se poznávat Boží vůli. Mladí dospělí jsou energičtí a také mají vlastní a často velmi pevné názory. Takže mají sklony k tomu dělat chyby, ale mají sebejistotu a hnací sílu dosáhnout svého cíle.

V rané duchovní dospělosti milují Boha a mají silnou víru, takže se vyhýbají bezvýznamným věcem tohoto světa. Jsou plní Ducha, upínají svou naději k nebeskému království a bojují proti hříchům, zatímco naslouchají slovu.

Mají sílu a odvahu odolávat zkouškám a pokušením. Boží slovo v nich přebývá, takže mohou překonat nepřítele ďábla a svět a vždy slaví vítězství. Jak jde čas, a z mladých dospělých se stanou otcové, stanou se zralými. Při rozhodování dokážou na základě svých zkušeností brát do úvahy všechny aspekty, aby měli v každé situaci správný úsudek. Rovněž získají moudrost čas od času sklonit svou hlavu. Mnoho lidí říká, že srdci rodičů porozumíme teprve tehdy, až budeme mít sami své děti a budeme je vychovávat. Podobně pouze tehdy, až se staneme duchovními otci, budeme moci chápat Boží původ, abychom mohli pochopit jeho prozíravost a získat víru vyšší úrovně.

Otec je v duchovním slova smyslu někdo, kdo je na takové úrovni, že rozumí Božímu původu a všem dalším tajemstvím duchovní říše včetně stvoření nebes a země. Protože zná srdce a vůli Boha, dokáže poslechnout přesně podle Božího srdce, a proto od Boha obdrží lásku a požehnání. Může získat všechny druhy požehnání včetně zdraví, slávy, postavení, bohatství, požehnání dětmi atd.

Požehnání v podobě duchovního uspokojení

Jakmile se znovu narodíme jako Boží děti, tak do té míry, do jaké přijímáme opravdový pokrm a opravdový nápoj, můžeme růst v duchu a vstoupit do duchovní dimenze. S tím, jak se prohlubuje hloubka duchovní dimenze, můžeme snadněji vítězit nad nepřítelem ďáblem a satanem a také budeme moci rozumět hlubokému srdci Boha Otce.

Budeme moci jasněji komunikovat s Bohem a být vedeni Duchem svatým ve všech věcech tak, že se nám bude ve všem dobře dařit. Život naplněný komunikací s Bohem skrze plnost Ducha svatého je požehnání v podobě duchovního uspokojení daného těm, kdo hladovějí a žízní po spravedlnosti.

Jak stojí v Matoušovi 5:6: *„Blaze těm, kdo hladovějí a žízní po spravedlnosti, neboť oni budou nasyceni"*, tak ti kdo získávají požehnání v podobě duchovního uspokojení, nemají důvod narážet na žádné zkoušky.

I když se setkáme s překážkami, Bůh nás přes ně převede prostřednictvím vedení Ducha svatého. I když se setkáváme s obtížemi, Bůh nás nechá poznat cestu, jak z toho ven. Protože se naší duši dobře daří, budeme ve všech věcech úspěšní a budeme zdraví; budeme vedeni k prosperitě ve všech směrech, takže naše rty budou plné svědectví.

Jsme-li takto vedeni Duchem svatým, obdržíme sílu si snadno uvědomit hříchy a zlo a zavrhovat je pryč, a tak můžeme jít směrem k posvěcení. V procesu posvěcování v našich křesťanských životech není vždy snadné najít věci, které jsou ukryty velmi hluboko v nitru našeho srdce nebo též velmi drobné a malé nepravosti.

Pokud na nás v této situaci zasvítí svým světlem Duch svatý, můžeme si uvědomit, co musíme udělat a čeho dosáhnout. Můžeme se pak dostat na vyšší úroveň víry.

A ačkoliv nepraktikujeme nepravdu, abychom se nedopouštěli hříchů, nemusíme vždy poznat, která cesta je ta, která se bude v různých situacích více líbit Bohu. Pokud v těchto případech poznáme díky působení Ducha svatého to, co se Bohu líbí více a uděláme to, naší duši se bude dařit ještě lépe.

Důležitost pravého jídla a pravého nápoje

Věřící, který měl stovky tisíc dolarů dluhů, upadl do velkého zoufalství. Nakonec se rozhodl předstoupit před Boha a svěřit to jemu. Ve víře, že to svěřil své poslední naději, se začal modlit a s toužebným srdcem naslouchat Božímu slovu.

Na cestě do práce poslouchal nahrávky bohoslužeb a každý den četl alespoň jednu kapitolu z Bible a naučil se jeden biblický verš. Potom si každou chvíli v průběhu dne připomínal Boží slovo a postupoval podle něho.

Neznamená to však, že by se brány požehnání otevřely okamžitě. Zatímco usilovně hledal Boží vůli a vroucně se modlil, jeho víra rostla. Jeho duši se dobře dařilo a do jeho podnikání vstoupilo požehnání. Brzy byl schopen splatit stovky tisíc dolarů, které dlužil. Jeho desátky dnes stále rostou.

Podobně, pokud skutečně hladovíme a žízníme po spravedlnosti, stejně jako ten, kdo hladoví a žízní po jídle a vodě, pak dosáhneme spravedlnosti. V důsledku toho obdržíme požehnání v podobě zdraví a bohatství. Budeme získávat plnost Ducha svatého, budeme inspirováni Duchem svatým a budeme komunikovat s Bohem. Budeme moci dosáhnout nejvyššího stupně Božího království.

,Jak hodně každý den přemýšlím o Bohu a čtu a rozjímám nad jeho slovem?'
,Jak usilovně se modlím a pokouším uskutečňovat Boží slovo?'

Přezkoumejme nyní sami sebe tímto způsobem a mějme hlad a žízeň po spravedlnosti, dokud se Pán nevrátí, abychom pak mohli přijmout požehnání v podobě duchovního uspokojení Bohem Otcem.

Potom budeme moci hlouběji komunikovat s Bohem a budeme vedeni cestou úspěšného života a co je důležitější, dosáhneme slavného místa v nebeském království.

Kapitola 5
Páté požehnání

Blaze milosrdným,
neboť oni dojdou milosrdenství

Matouš 5:7

„Blaze milosrdným,
neboť oni dojdou milosrdenství."

Jean Valjean z románu Bídníci strávil devatenáct let ve vězení za pouhou krádež bochníku chleba. Potom, co byl propuštěn, mu jeden kněz poskytl jídlo a přístřešek, ale on mu ukradl stříbrný svícen a utekl. Byl chycen policií a předveden před kněze. Kněz řekl, že to Jeanu Valjeanovi dal, aby mu pomohl. Když se Jeana Valjeana zeptal: „Proč jste si nevzal i tu misku?", detektiv již o ničem nepochyboval. Jean Valjean se na základě tohoto incidentu dozvěděl o skutečné lásce a odpuštění a začal žít novým životem. Detektiv Javert však Valjeana pronásledoval a velmi mu ztrpčoval život. Valjean později zachránil detektiva před smrtí zastřelením. Řekl: „Existuje spousta věcí, které jsou široké jako moře, země a nebe, ale odpuštění je mnohem širší."

Být milosrdný k druhým

Pokud druhým milosrdně odpouštíme, můžeme se dotknout jejich srdcí a ta se mohou změnit. Jaký je tedy význam milosrdenství?

Je to takový druh srdce, které umí z hloubi srdce odpouštět, modlit se a radit s láskou k druhému, i když se daná osoba dopouští hříchů nebo nám ztrpčuje život. Podobá se to dobrotě, která patří mezi devět druhů ovoce Ducha svatého v 5. kapitole Galatským, ale jde to ještě mnohem hlouběji.

Dobrota znamená mít srdce, které koná jen dobro bez

jakéhokoliv zla a jde to jasně vidět na srdci Ježíše, který se nepřel ani se nerozkřikoval.

> *Nebude se přít ani rozkřikovat, na ulicích nikdo neuslyší jeho hlas. Nalomenou třtinu nedolomí a doutnající knot neuhasí, až dovede právo k vítězství* (Matouš 12:19-20).

Nedolomit nalomenou třtinu znamená, že i když někdo dělá zlé věci, Pán jej ihned nepotrestá, ale bude s ním mít trpělivost, dokud nedosáhne spasení. Například, Ježíš věděl, že Jidáš Iškariotský jej později prodá, ale s láskou mu radil a až do konce se snažil o to, aby ho Jidáš pochopil.

Neuhasit doutnající knot také znamená, že Bůh neopouští své děti ihned, třebaže nežijí podle pravdy. I když se můžeme dopouštět hříchů, protože nejsme dokonalí, Bůh nás nechá uvědomit si to skrze Ducha svatého a má s námi trpělivost až do konce, abychom se mohli skrze pravdu změnit.

‚Milosrdenství' znamená pochopit, odpustit a vést druhé na správnou cestu s tímto Pánovým srdcem, i když nám bezdůvodně dělají zlé věci. Nejde o to přemýšlet na základě našeho vlastního hlediska a sledovat vlastní zájem, ale přemýšlet na základě hledisek druhých lidí, abychom je mohli pochopit a prokázat jim milosrdenství.

Ježíš odpustil cizoložnici

V 8. kapitole Janova evangelia přivedli farizeové a zákoníci před Ježíše ženu přistiženou při cizoložství. Aby ho vyzkoušeli, položili mu otázku: *„V zákoně nám Mojžíš přikázal takové kamenovat. Co říkáš ty?"* (v. 5). Jen si představte tu situaci. Žena, která se dopustila cizoložnictví, se musela třást strachem ze smrti a hanbou, že byl její hřích přede všemi odhalen.

Zákoníci a farizeové naplněni ďábelským záměrem si ani nikterak nevšímali ženy, která byla naplněna strachem. Spíše byli hrdi na to, že dostali Ježíše do pasti. Někteří lidé, kteří celou scénu sledovali, již pravděpodobně drželi kameny, aby ji odsoudili podle zákona.

Co udělal Ježíš? Tiše se sklonil a psal prstem po zemi. Nejspíš psal názvy hříchů, které byly společné všem zúčastněným. Pak se postavil a řekl: *„Kdo z vás je bez hříchu, první hoď na ni kamenem!"* (v. 7).

Židé usvědčeni ze svých vlastních hříchů a zahanbeni ve svém svědomí se začali jeden po druhém vytrácet. Nakonec zbyl jen Ježíš a ta žena. Ježíš jí odpustil a řekl: *„Ani já tě neodsuzuji. Jdi a už nehřeš!"* (v. 11). Ta žena si to musela pamatovat až do konce svého života. Pravděpodobně už se od té doby nedopustila žádného dalšího hříchu.

Milosrdenství může mít různé podoby a může se dělit na milosrdenství odpuštění, milosrdenství potrestání a milosrdenství spasení.

Neomezené milosrdenství spasení

Ti, kdo přijali Ježíše Krista jako svého Spasitele, již přijali velké Boží milosrdenství. Bez Božího milosrdenství nemůžeme jinak, než kvůli svým hříchům propadnout peklu a navěky trpět. Ježíš ale prolil svou krev na kříži, aby vykoupil lidstvo z jeho hříchů, a když tomu budeme věřit, může nám být zdarma odpuštěno a můžeme být spaseni: to je Boží milosrdenství.

I dnes Bůh úzkostlivě čeká se srdcem rodičů nervózně čekajících na své děti, které odešly z domu, na bezpočet duší, které půjdou vpřed cestou spasení.

Rovněž, i když někdo velmi zraní city Boha, tak pokud činí pokání s upřímným srdcem a vrátí se, Bůh ho nepokárá slovy: „Proč jsi mě tak zklamal? Proč ses dopouštěl tolika hříchů?" Bůh jej pouze s láskou přijme.

„Pojďte, projednejme to spolu, praví Hospodin. I kdyby vaše hříchy byly jako šarlat, zbělejí jako sníh, i kdyby byly rudé jako purpur, budou bílé jako vlna" (Izajáš 1:18).

Jak je vzdálen východ od západu, tak od nás vzdaluje naše nevěrnosti (Žalm 103:12).

Když někdo dříve spáchal něco špatného, tak pokud činí pokání a obrátí se zpět, nebudou ti, kdo mají milosrdenství, ostatním jeho minulé selhání připomínat se slovy: ‚Předtím se dopustil tak velké nepravosti.' Neopustí jej ani jej nepřestanou mít rádi, ale pouze mu odpustí. Budou jej povzbuzovat a pomáhat mu, aby si vedl lépe.

Podobenství o služebníkovi, kterému bylo odpuštěno deset tisíc talentů

Jednoho dne se Petr zeptal Ježíše na odpouštění. „*Pane, kolikrát mám odpustit svému bratru, když proti mně zhřeší? Snad až sedmkrát?*" (Matouš 18:21). Petr si myslel, že odpustit až sedmkrát je skutečně velkorysé. Ježíš odpověděl: „*Pravím ti, ne sedmkrát, ale až sedmdesát sedmkrát*" (Matouš 18:22).

To však neznamená, že bychom měli odpustit sedmdesát sedmkrát, konkrétně 490x. Číslo sedm je číslem dokonalosti. ‚Sedmdesát sedmkrát' znamená, že máme odpouštět bez podmínek a dokonale. Ježíš pak na základě podobenství učil o milosrdenství odpouštět.

Král měl mnoho služebníků. Jeden ze služebníků dlužil králi deset tisíc talentů, ale nebyl schopen je zaplatit. Jeden talent v té době byl 6 000 denárů. To odpovídá 6 000 denním mzdám. To je přibližně mzda za šestnáct let běžné práce.

Předpokládejme, že denní mzda za běžnou práci je 50 000 wonů neboli okolo 50 USD. Jeden talent se tak blíží částce 300 000 000 wonů či 300 000 USD. Deset tisíc talentů je pak 3 trilióny wonů neboli 3 miliardy USD. Kde mohl služebník získat takovou sumu peněz?

Král mu řekl, aby prodal svou ženu, děti a všechen svůj majetek, aby se vyplatil. Služebník padl k zemi a prosil krále: „*Měj se mnou strpení a všechno ti vrátím!*" (v. 26). Král k němu pojal soucit, propustil jej a odpustil mu dluh.

Tento služebník, kterému byl odpuštěn tak velký dluh, se potkal se svým spolusluženíkem, který mu dlužil 100 denárů. Denár byla stříbrná mince římské říše a byla to jednodenní mzda za běžnou práci. Předpokládáme-li denní mzdu ve výši 50 000 wonů, celkem služebník dlužil okolo 5 milionů wonů, což je asi 5 000 dolarů. Ve srovnání s deseti tisíci talenty je to skutečně malá částka.

Přesto služebník, kterému byl odpuštěn jeho dluh, chytil dlužníka, začal jej dusit a křičel: ‚Zaplať, co dlužíš.' Nechal jej vsadit do vězení, i když ho ten muž prosil o milost.

Když se to král dozvěděl, rozzlobil se a řekl: „*Služebníku zlý, celý tvůj dluh jsem ti odpustil, když jsi mě prosil; neměl ses také ty smilovat nad svým spoluslužebníkem, jako jsem se já smiloval nad tebou?*" a dal ho do vězení (Matouš 18:32-33).

S námi je to stejné. Nám, kdo jsme kvůli hříchům byli předurčeni jít cestou smrti, byly hříchy odpuštěny zadarmo, pouze láskou Ježíše Krista. Je ale zlé, pokud neodpustíme malé chyby druhým, soudíme je a odsuzujeme je!

Odpouštět druhým s širokým srdcem

I když můžeme kvůli druhým čelit ztrátě, neměli bychom k nim pojmout averzi ani se jim vyhýbat, ale měli bychom je chápat a přijímat. Tak můžeme získat široké srdce, které dokáže přijímat mnoho lidí.

Máme-li milosrdenství, nikoho nenávidíme ani vůči druhým nechováme špatné emoce. I když druhá osoba udělá něco špatného v Božích očích, měli bychom jí nejdříve poskytnout láskyplnou radu a ne ji hned potrestat.

Také přitom když radí druhým, mohou mít někteří lidé nepříjemné pocity z toho, co druzí udělali a svými radami zraňují jejich city. A tak by si neměli myslet, že dávají láskyplnou radu. I když citují ze slova pravdy, tak pokud to nedělají s láskou, nemohou zakusit žádné působení Ducha svatého. A tak nemohou změnit srdce druhých.

I když udělají vedoucí něco špatného svým podřízeným, 1 Petrův 2:18 říká: „*Služebníci, podřizujte se ve vší bázni pánům, nejen dobrým a mírným, nýbrž i tvrdým.*" Proto bychom je měli poslouchat, s pokorou následovat a s láskou se za ně modlit.

Také, když podřízení udělají něco špatného svým vedoucím, vedoucí by je neměli ihned kárat či nechávat to tak, aby pro tentokrát nerušili klid. Měli by je vyučovat slovem, aby mohli věc správně pochopit. I to je druh milosrdenství.

Když se vedoucí starají o své podřízené s láskou a milosrdenstvím a vedou je s dobrotou, mohou stát podřízení zpříma. Vedoucí tak budou mít pochopení pro odměnu, protože konali povinnost vést a řídit ty, kteří jim byli svěřeni. Bez ohledu na to, v jaké situaci se nacházíme, bychom měli chápat hlediska druhých. Musíme se za ně modlit a radit jim s láskou, díky které bychom za ně měli dát i vlastní životy. Když budeme mít tento druh lásky, můžeme dokonce trestat ty, kteří jdou špatnou cestou, je-li to nutné pro jejich směřování k pravdě.

Milosrdenství v trestání obsahující lásku

Jestliže existuje milosrdenství odpuštění, existuje i milosrdenství potrestání. Jedná se o stav, kdy se milosrdenství projevuje ve formě potrestání podle dané situace. Toto milosrdenství potrestání se neděje se záští či odsuzováním. Vychází pouze z lásky.

Koho Pán miluje, toho přísně vychovává, a trestá každého, koho přijímá za syna. Podvolujte se jeho výchově; Bůh s vámi jedná jako se svými syny. Byl by to vůbec syn, kdyby ho otec nevychovával? Jste-li bez takové výchovy, jaké se dostává všem synům, pak nejste synové, ale cizí děti (Židům 12:6-8).

Bůh miluje své děti, a proto vůči nim někdy uplatňuje tresty. Tímto způsobem jim Bůh pomáhá odvrátit se od hříchů a jednat podle pravdy.

Předpokládejme, že vaše děti něco ukradnou. Jen proto, že rodiče napravují své děti s láskou, pravděpodobně nebude moc rodičů, kteří by své děti za tento první přestupek zbili. Pokud se slzami a ze srdce litují, rodiče je pravděpodobně vroucně obejmou a řeknou: „Tentokrát ti odpouštím. Ale už to nikdy nedělej."

Pokud však děti řeknou, že toho litují a slíbí, že už to znovu neudělají, ale ve skutečnosti později udělají stejnou věc, co by měli jejich rodiče udělat?

Měli by udělat všechno proto, aby jim domluvili. Pokud je děti neposlechnou, tak ačkoliv je to bolestné, rodiče by měli otočit o 180% a udeřit je, aby si to hluboko ve svém srdci zapamatovali. Už proto, že rodiče své děti milují, potrestají je, aby se děti mohly vrátit zpět dříve, než se dostanou na cestu, která je opravdu špatná.

Když se děti dopouštějí hříchů

Zloděj, který stál před soudem, požádal zmocněnce, aby mu ještě před soudem dovolili vidět jeho matku. Když se s matkou setkal, křičel na ni, že je to všechno její vina, že se stal zlodějem. Řekl, že se stal zlodějem, protože ho jeho matka nepotrestala, když poprvé jako dítě něco ukradl.

Jsou-li rodiče tázáni, proč nepotrestají své děti, když udělají něco špatného, většina rodičů řekne, že proto, že své děti milují. Ale Přísloví 13:24 říká: *"Kdo šetří hůl, nenávidí svého syna, kdežto kdo jej miluje, trestá ho včas."*

Uvažujeme-li o svých dětech ve smyslu: 'Ó, můj milovaný drahoušek,' potom se i provinění, kterých se dopustí, zdají být roztomilá. Kvůli tomuto tělesnému zalíbení mnoho lidí nerozlišuje mezi tím, co je správné a co špatné, a vynáší nesprávné úsudky.

Rovněž, i když děti neustále jednají nevhodně, rodiče je nekorigují, ale pouze to přijímají. Potom se chování dětí ubírá stoupající měrou nesprávným směrem a je založené na omylu.

Například, ve 2. kapitole 1 Samuelovy vidíme dva syny kněze Élího, Chofního a Pinchase, jak obcují se ženami konajícími službu u vchodu do stanu setkávání. Élí jim však pouze řekl: *"To nejde, moji synové! Není to dobrá zpráva, kterou slyším"* (v. 24). Tito dva synové neustávali v hřešení a nakonec čelili žalostné smrti.

Kdyby je kněz Élí přísně napomenul a občas nevyhnutelně pokáral, jak jít správnou cestou kněze, neubírali by se špatnou cestou až do takové míry. Dosáhli bodu, odkud se nedokázali navrátit zpět, protože je jejich otec řádně nevychovával.

Ale i u stejného druhu potrestání nemůžeme říct, že jde o milosrdenství, pokud v sobě nemá lásku. Dejme tomu, že dítě jednoho z vašich sousedů vám něco ukrade. Co potom uděláte?

Ti, kdo v sobě mají dobrotu, s ním budou mít slitování a odpustí mu, pokud dítě ze srdce požádá o odpuštění. Ale ti, kdo v sobě nemají dobrotu, se na dítě rozzlobí a vynadají mu, nebo i když požádá o odpuštění, stále budou požadovat trest. Také to mohou odhalit a rozšířit mezi mnoha lidmi nebo si to dlouho pamatovat a vypěstovat si v sobě proti tomuto dítěti zaujatost.
Takový trest vychází z nenávisti, a tudíž tu nejde o milosrdenství. Nemůže to druhého člověka změnit. Když trestáme, musíme daného člověka trestat s láskou vzhledem k jeho hledisku a jeho budoucnosti, abychom udělili trest v milosrdenství.

Když zhřeší bratři ve víře

Když zhřeší bratr ve víře, Bible nám dopodrobna říká, jak s ním máme jednat.

Když tvůj bratr zhřeší, jdi a pokárej ho mezi čtyřma očima; dá-li si říci, získal jsi svého bratra. Nedá-li si říci, přiber k sobě ještě jednoho nebo dva, aby ‚ústy dvou nebo tří svědků byla potvrzena každá výpověď.' Jestliže ani potom neuposlechne, oznam to církvi; jestliže však neuposlechne ani církev, ať je ti jako pohan nebo celník (Matouš 18:15-17).

Když vidíme, že zhřeší bratr ve víře, neměli bychom to šířit mezi ostatní. Nejprve s ním musíme osobně promluvit, aby měl možnost se od svého hříchu odvrátit. Pokud si nedá říci, měli bychom s ním mluvit spolu s těmi, kdo jsou výše postavení v jeho skupině, aby se mohl obrátit zpět.

Jestliže si stále nedá říci, musíme to oznámit církevním autoritám, aby ho vedli zpět na cestu spasení. Pokud neuposlechne ani církevní autority, potom nám Bible říká, abychom ho pokládali za nevěřícího. Neměli bychom však soudit a odsuzovat ani člověka, který se dopustí těžkého hříchu. Pouze když projevíme lásku a milosrdenství, můžeme sami od Boha získat milosrdenství.

Milosrdenství v dobročinném díle

Pro Boží děti je něco očividného postarat se o potřebné a projevit jim milosrdenství. Když bratři ve víře trpí, tak pokud jim pouze řekneme, že je nám to líto, ale neprojevíme žádné skutky, potom nemůže být řeč o tom, že máme milosrdenství. Milosrdenství v dobročinném díle znamená v Božích očích rozdělit se o to, co máme, s potřebnými bratry.

Jakubův list 2:15-16 říká: *„Kdyby některý bratr nebo sestra byli bez šatů a neměli jídlo ani na den, a někdo z vás by jim řekl: ,Buďte s Bohem – ať vám není zima a nemáte hlad,' ale nedali byste jim, co potřebují pro své tělo, co by to bylo platné?"*

Někdo může říct: „Opravdu chci pomoci, ale nemám, co bych dal, abych jim pomohl." Ale kteří rodiče by pouze sledovali své děti, jak trpí hladem kvůli finančním problémům? Stejně tak bychom měli být schopni jednat se svými bratry způsobem, jakým bychom jednali se svými dětmi.

Ti, kdo jsou potrestáni kvůli svým hříchům

Když potřebným prokážeme milosrdenství a pomůžeme jim, musíme mít na paměti jednu věc. Jde o skutečnost, že bychom neměli pomáhat těm, kdo jsou v nesnázích kvůli svým hříchům proti Bohu. To může způsobit, že na nás samotné dopadnou problémy.

Během vlády krále Jarobeáma byl v izraelském království prorok jménem Jonáš. V knize Jonáš vidíme, jak se lidé dostali do obtížné situace společně s prorokem Jonášem, který neuposlechl Boha.

Jednoho dne Bůh řekl Jonášovi, aby šel do města Ninive, které bylo hlavním městem země, která byla vůči Izraeli nepřátelská, a prohlašoval tam Boží varování. Tím bylo, že město Ninive je plné hříchů a Bůh ho hodlá zničit.

Jonáš věděl, že pokud by lidé v Ninive činili pokání potom, co uslyší Boží varování, zkáze by unikli. Znal Boží srdce, které oplývá bezmezným milosrdenstvím a je láskou samotnou. Bylo to jako pomáhat Asýrii, která byla vůči Izraeli nepřátelská. A tak

Jonáš neuposlechl Boží slovo a nalodil se na loď plující do Taršíše. Bůh tehdy seslal velikou bouři a lidé na lodi se zoufale zbavovali všeho, co měli na palubě, přičemž utrpěli velikou ztrátu. Nakonec se dozvěděli, že to bylo kvůli Jonášovi, který neuposlechl Boha. Věděli, že bouře ustane, když Jonáše vhodí do moře, jak jim Jonáš řekl, ale se sympatiemi, které k němu chovali, to nedokázali udělat. Museli s ním trpět tak dlouho, dokud ho nehodili přes palubu.

Vezmeme-li si tento příklad jako lekci, tak když projevujeme milosrdenství, musíme být moudří. Musíme rozumět tomu, že pokud pomůžeme těm, kdo jsou v problémech kvůli Božímu trestu, spadneme sami do stejných problémů.

Uvedu jiný příklad. Jestliže je někdo zdravý, ale nepracuje jen proto, že je líný, není správné takovému člověku pomáhat. S těmi, kdo běžně žádají druhé lidi o pomoc, ačkoliv mohou sami také pracovat, je to stejné.

Pomáhat takovým lidem znamená z nich dělat ještě větší lenochy a lidi méně schopné pracovat. Projevíme-li milosrdenství, které není v Božích očích správné, zabrání nám to v požehnání.

A tak bychom neměli bezpodmínečně pomáhat každému, kdo má potíže. Měli bychom každý případ rozlišovat zvlášť, abychom sami nečelili obtížím potom, co druhým pomůžeme.

Projevit milosrdenství nevěřícím

Existuje zde také jedna důležitá věc. A to, že bychom měli projevovat milosrdenství nejenom svým bratrům ve víře, ale také nevěřícím lidem.

Většina lidí chce udržovat přátelství s těmi, kteří mají bohatství a slávu, ale na ty, kteří na své cestě životem selhali, se dívají spatra a nechtějí jim být nablízku. Mohou párkrát takovým lidem pomoci kvůli dřívějšímu přátelství, ale nebude to trvat donekonečna. Na nikoho bychom se však neměli dívat spatra ani jím opovrhovat. Druhé bychom měli pokládat za přednější než sebe a se všemi bychom měli jednat s láskou.

Jsou takoví, kteří mají opravdu milosrdné srdce, které má pochopení pro potíže druhých lidí. Existují lidé, kteří zdráhavě pomáhají druhým kvůli tomu, že jsou na ně upřeny oči ostatních lidí. Bůh se dívá do skrytu srdce člověka. Říká, že milosrdenství znamená pomáhat s opravdovou láskou a požehná těm, kdo opravdové milosrdenství projeví.

Požehnání těm, kdo jsou milosrdní

Jaká požehnání dává Bůh těm, kdo jsou milosrdní? Matouš 5:7 říká: *„Blaze milosrdným, neboť oni dojdou milosrdenství."*

Pokud dokážeme odpustit a projevit milosrdenství i těm, kteří nám ztrpčují život a způsobují nám škodu, Bůh nám prokáže milosrdenství a dá nám šanci na odpuštění i v případě, že my sami omylem způsobíme škodu někomu druhému.

Modlitba Páně říká: „*A odpusť nám naše viny, jako i my jsme odpustili těm, kdo se provinili proti nám*" (Matouš 6:12). Tím, že projevíme milosrdenství druhým, si otevřeme cestu k získání milosrdenství od Boha.

V dobách rané církve žila učednice jménem Tabita (Skutky 9:36-42). Věřící v Jeruzalémě se v té době kvůli krutému pronásledování rozptýlili na mnoho míst. Někteří z nich se usadili v přístavním městě zvaném Joppa. Toto město se stalo jedním z křesťanských center, kde žila i Tabita. Pomáhala těm, kdo byli chudí a potřební. Jednoho dne však onemocněla a zemřela.

Ti, kdo od ní obdrželi pomoc, poslali k Petrovi dva muže s prosbou, aby ji oživil. Ukazovali mu všechny košile a pláště, které jim Tabita šila, dokud byla naživu, a mluvili o všech dobrých věcech, které vykonala.

Nakonec Tabita zakusila úžasný Boží skutek ve formě opětovného navrácení k životu skrze Petrovu modlitbu. Díky Božímu milosrdenství obdržela požehnání v podobě prodloužení svého života.

Také nám, když prokazujeme milosrdenství těm, kteří jsou chudí a nemocní, Bůh dává požehnání v podobě zdraví a bohatství.

Kvůli bídě a nemocem, u kterých se nedalo dohlédnout konce, jsem ve svém mládí musel zažívat těžké časy. Díky tomuto období jsem porozuměl srdci těch, kdo zakoušejí potíže.

Po více než třicet let od doby, kdy jsem byl Boží mocí uzdraven ze všech svých nemocí, žiju svůj život, aniž bych sebeméně onemocněl jakoukoliv nemocí. Přesto nemůžu ztratit láskyplné sympatie, které pociťuji vůči těm, kdo trpí nemocemi a chudobou a vůči těm, kteří jsou zapomenuti a opuštěni.

A tak nejenom předtím, než jsem založil církev, ale také potom, co jsem ji založil, jsem chtěl podávat pomocnou ruku těm, kteří jsou potřební. Nepřemýšlel jsem o tom takto: „Pomůžu, až zbohatnu." Prostě jsem pomáhal druhým, ať šlo o velký nebo malý obnos.

Bohu se tento skutek líbil a požehnal mi tak velmi, že mohu hojně dávat Bohu na světovou misii a na dosahování Božího království. Protože jsem zasel semeno milosrdenství vůči druhým, Bůh mě nechává sklízet bohatou úrodu.

Pokud druhým projevíme milosrdenství, Bůh nám rovněž odpustí naše nepravosti. Naplní nás, takže nebudeme mít nedostatek a změní naši slabost ve zdraví. To je milosrdenství, které můžeme získat od Boha, když jsme vůči druhým milosrdní.

Jan 13:34 říká: *„Nové přikázání vám dávám, abyste se navzájem milovali; jako já jsem miloval vás, i vy se milujte navzájem."* Jak je zde řečeno, poskytněme mnoha lidem útěchu a život s vůní milosrdenství, abychom si užili život v hojnosti v Božím požehnání.

Kapitola 6
Šesté požehnání

**Blaze těm, kdo mají čisté srdce,
neboť oni uzří Boha**

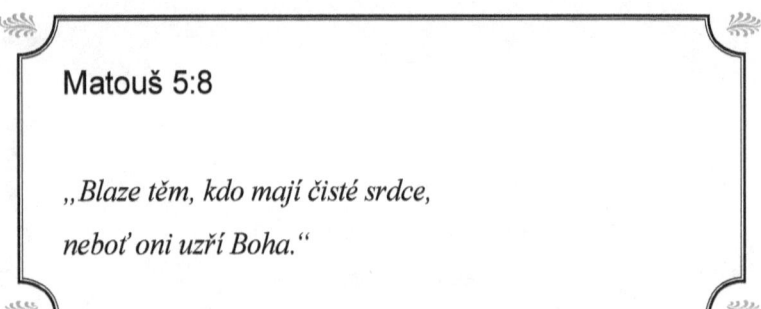

Matouš 5:8

„Blaze těm, kdo mají čisté srdce,
neboť oni uzří Boha."

„První věc, kterou jsem pocítil, když jsem přistál na Měsíci, bylo Boží stvoření a slavná Boží přítomnost." To je prohlášení, které učinil James Irwin, který se vydal na Měsíc v Apollu 15 v roce 1971. Je to velmi známý citát, který se dotkl mnoha lidí po celé zeměkouli. Když přednášel v Maďarsku, jeden ze studentů mu položil následující otázku.

„Žádný z kosmonautů Sovětského svazu neřekl, že by ve vesmíru viděl Boha, tak proč říkáte, že jste ve vesmíru viděl Boha a chválil jeho slávu?"

Irwinova odpověď byla každému tak jasná, že byla nepopíratelná. „Ti, kdo mají čisté srdce, mohou vidět Boha!" Zůstal na měsíci 18 hodin a říká se, že při pohledu na Zemi a vesmír, které Bůh stvořil, recitoval Žalm 8.

„Hospodine, Pane náš,
jak vznešené je tvoje jméno po vší zemi!
Svou velebnost vyvýšil jsi
nad nebesa! ...
Vidím tvá nebesa,
dílo tvých prstů,
měsíc a hvězdy,
jež jsi tam upevnil.
Hospodine, Pane náš,
jak vznešené je tvoje jméno po vší zemi!"

Ti, kdo mají před Bohem čisté srdce

Merriam-Websterův slovník *(The Merriam-Webster Online Dictionary)* definuje slovo „čistý" jako „nesmíchaný s žádnou jinou věcí, nebo zbavený prachu, špíny nebo jiného znečištění." V Bibli to znamená, že musíme jednat svatým způsobem nejenom navenek díky svému poznání a vzdělání, ale musíme mít také svaté a posvěcené srdce.

Když v Matoušovi 15 Ježíš sloužil v Galileji, přišli z Jeruzaléma zákoníci a farizeové.

Zákoníci a farizeové byli těmi, kdo lidi profesionálně vyučovali zákon a také ho velmi přísně dodržovali. Rovněž dodržovali tradice otců, což byly detailní předpisy o tom, jak dodržovat zákon. Tyto tradice se předávaly z generace na generaci.

Protože projevovali velikou dávku sebeovládání a žili asketickým způsobem života, mysleli si, že jsou svatí. Ale jejich srdce byla plná zla. Když je Ježíšova slova urazila, pokusili se ho dokonce zabít.

Jedna z tradic otců vytvořená zákoníky a farizeji říkala, že je nečisté jíst s neumytýma rukama.

Když viděli Ježíšovy učedníky jíst s neumytýma rukama, s námitkou k tomu položili Ježíšovi otázku.

Zeptali se Ježíše: *„Proč tvoji učedníci porušují tradici otců?"* (v. 2). Na to Ježíš odpověděl: *„Ne co vchází do úst, znesvěcuje člověka, ale co z úst vychází, to člověka znesvěcuje"* (v. 11).

Však to, co z úst vychází, jde ze srdce, a to člověka znesvěcuje. Neboť ze srdce vycházejí špatné myšlenky, vraždy, cizoložství, smilství, loupeže, křivá svědectví, urážky. To jsou věci, které člověka znesvěcují; ale jíst neomytýma rukama člověka neznesvěcuje (Matouš 15:18-20).

Ježíš je rovněž napomenul, když jim řekl, že se podobají obíleným hrobům (Matouš 23:27). V Izraeli se zpravidla využívaly jako hroby jeskyně. Vstup do jeskyně se obvykle natíral bílým vápnem. Hrob je však místem pro mrtvolu a bez ohledu na to jak hodně ho vyzdobíme, uvnitř je stále plný hniloby a smrdutě páchne. Ježíš připodobnil zákoníky a farizeje k obíleným hrobům, protože navenek jednali svatě, ale jejich srdce bylo plné nejrůznějšího zla a hříchů.

Bůh chce, abychom byli krásní nejenom navenek, ale také v nitru svého srdce. To je důvod, proč při pomazání pastýře Davida za krále Izraele, řekl: *„Nejde o to, nač se dívá člověk. Člověk se dívá na to, co má před očima, Hospodin však hledí na srdce"* (1 Samuelova 16:7).

Jak čisté mám srdce?

Když kážeme evangelium, někteří lidé říkají: „Nikomu jsem neublížil a žil jsem dobrý život, tak můžu jít do nebe." Myslí tím, že mohou jít do nebe, i když nevěří v Ježíše Krista, protože mají dobré srdce a nedopustili se hříchů.

Ale Římanům 3:10 říká: *"Nikdo není spravedlivý, není ani jeden."* Bez ohledu na to, za jak spravedlivého a dobrého se člověk považuje, pokud o sobě přemítá nad Božím slovem, které je pravdou, uvědomí si, že má velmi mnoho nepravostí a hříchů. Někteří lidé však říkají, že nemají žádný hřích, protože nikomu neublížili a neporušili světský zákon.

Například, třebaže někoho nenávidí, myslí si, že jsou bez hříchu, protože tomu člověku fyzicky nijak neublížili. Bůh však říká, že mít zlou mysl v srdci je také hřích.

V 1 Janově 3:15 říká: *"Kdokoliv nenávidí svého bratra, je vrah – a víte, že žádný vrah nemá podíl na věčném životě,"* a v Matoušovi 5:28: *"Já však vám pravím, že každý, kdo hledí na ženu chtivě, již s ní zcizoložil ve svém srdci."*

Třebaže to v jeho jednání není zjevné, pokud má někdo v srdci nenávist, cizoložnou mysl, sobecké touhy, domýšlivost, lež, žárlivost a hněv, jeho srdce není čisté. Ti, kdo mají čisté srdce, se nebudou zajímat o pomíjivé věci, ale přísně následují s neměnným srdcem pouze jednu jedinou cestu.

Skutky Rút, ženy s čistým srdcem

Rút byla pohanská žena, která ovdověla v mladém věku, aniž by měla děti. Neopustila svou tchyni, ale zůstala s ní dokonce i v dobách zlých. Její tchyně neměla nikoho, na koho by mohla spoléhat, avšak v zájmu Rút jí pověděla, aby se vrátila ke své vlastní rodině. Rút ale nedokázala svou tchyni opustit.

Ale Rút jí odvětila: "Nenaléhej na mne, abych tě opustila a vrátila se od tebe. Kamkoli půjdeš, půjdu, kdekoli zůstaneš, zůstanu. Tvůj lid bude mým lidem a tvůj Bůh mým Bohem. Kde umřeš ty, umřu i já a tam budu pochována. Ať se mnou Hospodin udělá, co chce! Rozdělí nás od sebe jen smrt" (Rút 1:16-17).

Toto Rútino vyznání obsahuje její silnou vůli a lásku s celým jejím životem ve službě své tchyni. Rodné město její tchyně bylo v Izraeli, na pro Rút neznámém místě. Neměly tam dům ani nic jiného.

Ona však na tyto okolnosti nemyslela, ale pouze si zvolila sloužit své tchyni, která zůstala sama. Rút svého rozhodnutí nikdy nelitovala a pouze své tchyni sloužila s neměnným srdcem.

Protože měla Rút tak čisté srdce, dokázala se s radostí obětovat a trvale sloužit své tchyni. V důsledku toho se setkala s bohatým mužem jménem Bóaz, který byl podle zvyklostí Izraele také dobrým mužem, a měli spolu šťastnou rodinu. Stala se prababičkou krále Davida a její jméno bylo dokonce zapsáno do Ježíšova rodokmene.

Požehnání pro ty, kdo mají čisté srdce

Jaká požehnání obdrží ti, kdo mají čisté srdce? Matouš 5:8 říká: *„Blaze těm, kdo mají čisté srdce, neboť oni uzří Boha."*

Být s těmi, kdo jsou nám drazí, je vždycky radost. Bůh je Otec našeho ducha a miluje nás více, než se milujeme my sami. Pokud ho můžeme spatřit tváří v tvář a být po jeho boku, nedá se toto štěstí přirovnat k ničemu jinému.

Někdo se může ptát: „Jak může člověk vidět Boha?" Soudců 13:21-22 říká: *„Tehdy Manóach poznal, že to byl posel Hospodinův, a řekl své ženě: ‚Určitě zemřeme, neboť jsme viděli Boha.'"*

Jan 1:18 říká: *„Boha nikdy nikdo neviděl."* Na mnoha místech v Bibli se můžeme dočíst, že o lidech se mělo za to, že nemohou vidět Boha a pokud ho uvidí, zemřou.

Ale Exodus 33:11 říká: *„A Hospodin mluvil s Mojžíšem tváří v tvář, jako když někdo mluví se svým přítelem."* Když Izraelité dosáhli po vyjití z Egypta hory Sínaj, sestoupil k nim Bůh. Oni se však ze strachu, že zemřou, nedokázali přiblížit, Mojžíš však mohl vidět Boha (Exodus 20:18-19).

Kromě toho nám Genesis 5:21-24 říká, že Henoch chodil s Bohem.

> *Ve věku šedesáti pěti let zplodil Henoch Metúšelacha. A chodil Henoch s Bohem po zplození Metúšelacha tři sta let a zplodil syny a dcery. Všech dnů Henochových bylo tři sta šedesát pět let. I chodil*

Henoch s Bohem. A nebylo ho, neboť ho Bůh vzal.

Chodit s Bohem neznamená, že Bůh sám sestoupil na zem a chodil s Henochem. Znamená to, že Henoch vždy s Bohem mluvil a Bůh řídil všechno v Henochově životě. Jedna věc, kterou zde musíme rozlišovat je, že ‚chodit s někým' a ‚být s někým' se od sebe navzájem zcela liší. To, že ‚Bůh je s námi' znamená, že nás chrání pomocí svých andělů. Když se snažíme žít podle Božího slova, Bůh nás ochraňuje, ale může s námi chodit až poté, co se staneme zcela posvěcenými. Proto, když vidíme skutečnost, že Henoch chodil s Bohem tři sta let, můžeme chápat, jak moc ho Bůh miloval.

Požehnání v podobě spatření Boha

Jaký je potom důvod pro to, že někteří lidé nemohou vidět Boha, kdežto jiní spatří Boha tváří v tvář a dokonce s ním chodí? 3 Janův 1:11 říká: *„Můj milý, neřiď se podle zlého, ale podle dobrého. Kdo jedná dobře, je z Boha; kdo jedná špatně, Boha neviděl."* Jak je zde řečeno, ti kdo mají čisté srdce, mohou vidět Boha, ale ti, jejichž srdce jsou znečištěna zlem, Boha vidět nemohou.

Můžeme to pochopit na příkladu Štěpána, který se stal mučedníkem, zatímco kázal evangelium v době rané církve. V 7. kapitole knihy Skutků můžeme vidět, že Štěpán zvěstoval evangelium Ježíše Krista a modlil se i za ty, kteří ho kamenovali.

To znamená, že měl do té míry čisté srdce a neměl v něm hříchy. To je důvod, proč mohl uvidět Pána, který stál po Boží pravici.

Ti, kdo mohou vidět Boha, mají čisté srdce a mohou vejít do lepších příbytků v nebi ve třetím nebeském království nebo ještě výše. Mohou spatřit Pána a Boha blíže a navěky se těšit štěstí.

Ale ti, kdo jdou do prvního nebeského království nebo do druhého nebeského království, nemohou spatřit Pána blíže, i kdyby chtěli, protože duchovní světlo, které z nich vyzařuje a jejich příbytky se liší podle úrovně posvěcení.

Jak dosáhnout čistého srdce

Svatý a dokonalý Bůh chce, abychom byli dokonalí a čistí nejenom ve svých skutcích, ale také ve svém srdci tím způsobem, že opustíme hříchy, které máme hluboko uvnitř svého srdce. Proto říká: *„Svatí buďte, neboť já jsem svatý"* (1 Petrův 1:16) a: *„Neboť toto je vůle Boží, vaše posvěcení, abyste se zdržovali necudnosti"* (1 Tesalonickým 4:3).

Co tedy musíme udělat, abychom měli čisté srdce, které od nás Bůh vyžaduje, a dosáhli v sobě svatosti?

Ti, kdo mají ve zvyku se hněvat, musí zavrhnout hněv a být tiší. Ti, kdo mají ve zvyku být arogantní, musí zavrhnout aroganci a pokořit se. Ti, kdo mají ve zvyku nenávidět druhé, se musí změnit a musí být schopni milovat i své nepřátele. Jednoduše řečeno, musíme zavrhnout veškeré formy zla a bojovat proti hříchům až do prolití krve (Židům 12:4).

Čisté srdce můžeme mít do té míry, do jaké zavrhneme zlo ve svém srdci, posloucháme Boží slovo, uskutečňujeme ho a naplňujeme se pravdou. Je bezvýznamné, pokud pouze posloucháme slovo a neuskutečňujeme ho. Dejme tomu, že máme špinavé oblečení a pouze řekneme: „Ach jo, musím to vyprat," ale necháme ho jen tak ležet.

Proto, pokud si při poslechu Božího slova uvědomíme nečisté věci ve svém srdci, musíme se usilovně snažit je zavrhnout. Samozřejmě, že čistého srdce nemůžeme dosáhnout pouze z lidských sil a silou vůle. Můžeme tomu porozumět prostřednictvím vyznání apoštola Pavla.

Ve své nejvnitřnější bytosti s radostí souhlasím se zákonem Božím; když však mám jednat, pozoruji, že jiný zákon vede boj proti zákonu, kterému se podřizuje má mysl, a činí mě zajatcem zákona hříchu, kterému se podřizují mé údy. Jak ubohý jsem to člověk! Kdo mě vysvobodí z tohoto těla smrti? (Římanům 7:22-24).

‚Nejvnitřnější bytost' se zde vztahuje k původnímu srdci, které nám Bůh dal, což je srdce pravdy, které s radostí souhlasí se zákonem Božím a hledá Boha. Na druhou stranu, existuje zde srdce nepravdy, které touží po páchání hříchů, a tak nedokážeme zavrhovat hříchy pouze svým vlastním úsilím.

Můžeme to například vidět u lidí, kteří nedokážou snadno

skoncovat s pitím a kouřením. Vědí, že kouření cigaret a nadměrné pití alkoholu jsou škodlivé, ale nedokážou s tím skončit. Dělají na Nový rok předsevzetí a snaží se s tím přestat, ale nemohou.

Vědí, že je to škodlivé, ale protože to skutečně mají rádi, nedokážou přestat. Pokud však obdrží shůry Boží sílu, mohou okamžitě skoncovat.

Stejné je to s hříchy a zlem v našem srdci. 1 Timoteovi 4:5 říká: *„Vždyť je to posvěceno Božím slovem a modlitbou."* Jak je zde řečeno, když si uvědomíme pravdu skrze Boží slovo a obdržíme Boží milost, sílu a pomoc Ducha svatého prostřednictvím vroucí modlitby, dokážeme je zavrhnout.

Abychom to dokázali, potřebujeme vlastní úsilí a sílu vůle k tomu, abychom uskutečňovali Boží slovo. Potom, co několikrát uskutečníme slovo, neměli bychom jen tak přestat. Jestliže se modlíme a občas postíme, dokud se konečně nezměníme, potom můžeme opravdu zavrhnout všechny hříchy a mít čisté srdce.

Ti, kdo mají čisté srdce, dostávají od Boha odpovědi a požehnání

Požehnání těm, kdo mají čisté srdce, nespočívá pouze v tom, že vidí obraz Boha Otce. Znamená to, že mohou skrze modlitby dostávat odpovědi na touhy svého srdce, setkávat se s Bohem a zakoušet Boha ve svém životě.

Jeremjáš 29:12-13 říká: *„Budete mě volat a chodit ke mně,*

modlit se ke mně a já vás vyslyším. Budete mě hledat a naleznete mě, když se mne budete dotazovat celým svým srdcem." Dostanou tedy od Boha odpovědi skrze své naléhavé modlitby, a tak budou ve svém životě vydávat mnoho svědectví.

Občas však vidíme některé nové věřící, kteří právě přijali Ježíše Krista a nežijí úplně v pravdě, že dostávají odpovědi na své modlitby. Třebaže nejsou jejich srdce úplně čistá, setkávají se s Bohem a zakoušejí živého Boha.

Je to podobné případu, kdy malé děti udělají něco velmi roztomilého a rodiče jim dají, co chtějí. I když nedosáhli úplně čistého srdce, tak do té míry, do jaké se Bohu líbí v rámci míry své víry, mohou dostávat odpovědi na nejrůznější modlitby.

Poté, co jsem se setkal s Bohem, byl uzdraven ze všech svých nemocí a moje zdraví bylo obnoveno, hledal jsem práci. Ale i když mi nabízeli velmi dobré pracovní podmínky, nevzal jsem žádnou z těch nabídek, protože bych kvůli práci nemohl dodržovat Hospodinův svatý den odpočinku. Dělal jsem, co jsem mohl, abych před Bohem následoval s čistým srdcem správnou cestu.

Bohu se takové srdce líbilo a vedl mě k tomu, abych rozjel malý obchod s půjčováním knih. Šlo to dobře a plánoval jsem, že se přestěhuji na větší místo. O jednom vhodném místě jsem slyšel.

Když jsem tam přišel, majitel obchodu se mnou nechtěl uzavřít smlouvu, protože jeho byznys na tom nebyl dobře kvůli tomu, že můj obchod si vedl dobře. Musel jsem to vzdát, ale když jsem nad tím přemýšlel z jeho pohledu, bylo mi ho líto a modlil jsem se z hloubi srdce za to, aby mu Bůh požehnal.

Později jsem se dozvěděl, že se právě u tohoto obchodu má otevřít jedno knihkupectví. V tom obchodě bych tedy pro takové velké knihkupectví nebyl žádná konkurence. Bůh, který ví všechno, působil pro dobro všeho a zabránil tomu, aby došlo k uzavření smlouvy.

Později jsem se přestěhoval do jiného obchodu. Nepřijímal jsem žádné neukázněné studenty. Kouření cigaret a pití alkoholických nápojů bylo v mém obchodě zakázáno. V neděli, když by zde bylo nejvíce potencionálních zákazníků, jsem zavíral, abych dodržel den odpočinku. Z lidského hlediska by obchod nemohl v žádném případě dobře prosperovat. Ale počet zákazníků a odbyt se spíše zvyšovaly. Každý musel poznat, že to bylo Boží požehnání.

Mimochodem, spolu s tím jak žijeme křesťanský život, můžeme také získávat dar mluvení jazyky nebo jiné dary Ducha svatého. Toto je částečné požehnání toho „vidět Boha."

> *Někomu zase víra v témž Duchu, někomu dar uzdravování v jednom a témž Duchu, někomu působení mocných činů, dalšímu zase proroctví, jinému rozlišování duchů, někomu dar mluvit ve vytržení, jinému dar vykládat, co to znamená. To všechno působí jeden a týž Duch, který uděluje každému zvláštní dar, jak sám chce* (1 Korintským 12:9-11).

Na co však musíme pamatovat, je to, že pokud opravdu milujeme Boha, potom bychom neměli být spokojeni s vírou dítěte. Měli bychom dělat, co je v našich silách, abychom zavrhli veškeré zlo ve svém srdci a stali se rychle posvěcenými, abychom dozráli ve víře a porozuměli Božímu srdci.

2 Korintským 7:1 říká: „*Když máme taková zaslíbení, moji nejmilejší, očisťme se od každé poskvrny těla i ducha a přiveďme k cíli své posvěcení v bázni Boží.*" Jak je zde řečeno, zavrhněme každou poskvrnu srdce a dosáhněme svatosti.

Upřímně doufám, že se nám bude ve všech věcech dobře dařit a obdržíme, o cokoliv požádáme, zrovna jako strom zasazený u vody neuschne, ale ponese hojné ovoce i v období sucha. Také věřím, že budeme všichni moci spatřit Boha tváří v tvář ve věčném nebeském království.

Kapitola 7
Sedmé požehnání

Blaze těm, kdo působí pokoj,
neboť oni budou nazváni syny Božími

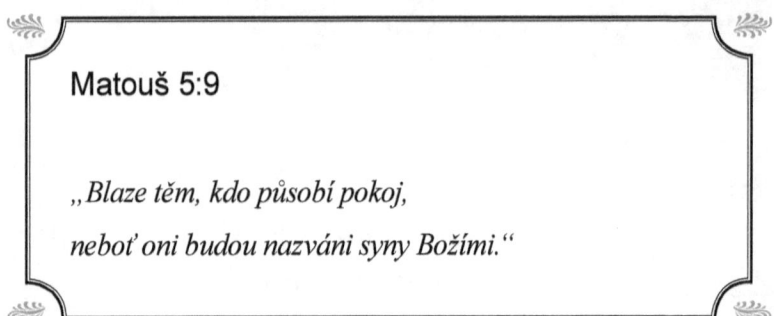

Matouš 5:9

„Blaze těm, kdo působí pokoj, neboť oni budou nazváni syny Božími."

Když máme dvě země, které mají společnou hranici, může mezi nimi docházet ke konfliktům nebo dokonce i k válkám, kdy každá bojuje za své vlastní zájmy. Existují ale i dvě země, které sdílejí stejnou hranici, ale po dlouhou dobu mezi nimi vládne mír. Jde o Argentinu a Chile.

Před dávnou dobou mezi nimi došlo ke krizi, která je téměř dostala do války kvůli sporům podél jejich společné hranice. Náboženští vůdci obou zemí naléhali na svůj lid se slovy, že láska je jediná cesta k udržení míru mezi těmito dvěma zeměmi. Lidé přijali, co jim bylo řečeno, a zvolili si mír. Vybudovali sloup s biblickým veršem z listu Efezským 2:14: „*V něm je náš mír, on dvojí spojil v jedno, když zbořil zeď, která rozděluje a působí svár.*"

Dosáhnout míru mezi zeměmi znamená vybudovat mezi nimi dobrý vztah. V osobních vztazích pak musejí mít mezi sebou navzájem srdce útěchy. Nicméně, duchovní význam pokoje s Bohem je poněkud odlišný. Znamená to obětovat se pro druhé a sloužit jim. Znamená to pokořit se, abychom pozvedli druhé. Nechovat se k druhým hrubě. I když máme pravdu, dokázat následovat názory jiných lidí, pokud nejsou založeny na nepravdě.

Znamená to usilovat o něčí prospěch. Není to trvání na svých osobních názorech, ale pokládání druhých za přednější sebe. Znamená to následovat názory druhých, nechovat k nikomu žádnou zaujatost a být oboustranně kompatibilní s oběma stranami problému nebo dané situace. K tomu, abychom byli tím, kdo působí pokoj, potřebujeme obětovat sami sebe. Proto je duchovní význam pokoje obětovat se do té míry, že dáme svůj vlastní život.

Ježíš působil pokoj tím, že obětoval sám sebe

Když Bůh stvořil prvního člověka Adama, byl Adam duchovně živým tvorem. Těšil se z postavení, kdy vládl nade vším. Jak do něj ale vstoupil hřích tím, že pojedl zakázané ovoce, stal se Adam a všichni jeho potomci hříšníky. Nyní zde vznikla hradba z hříchů mezi člověkem a Bohem.

Jak se říká v Koloským 1:21: *„I vás, kteří jste dříve byli odcizeni a nepřátelští Bohu svým smýšlením i zlými skutky,"* lidé se odcizili Bohu kvůli hříchům.

Lidstvo se stalo od doby Adama hříšníky a Ježíš, Boží Syn, se za nás stal obětí smíření. Zemřel na kříži, aby zničil hradbu z hříchů postavenou mezi Bohem a člověkem a způsobil pokoj.

Někdo se může zeptat: „Proč se muselo celé lidstvo stát hříšníky jen kvůli hříchu jednoho jediného člověka Adama?" Podobá se to tomu, jak před dávnými časy existovali otroci. Jakmile jste se jednou stali otrokem, všichni vaši potomci se narodili jako otroci.

Římanům 6:16 říká: *„Víte přece, když se někomu zavazujete k poslušné službě, že se stáváte služebníky toho, koho posloucháte – buď otročíte hříchu, a to vede k smrti, nebo posloucháte Boha, a to vede k spravedlnosti."* Protože Adam poslechl nepřítele ďábla a dopustil se hříchu, každý se po něm stává hříšníkem.

Aby přinesl pokoj mezi Boha a lidstvo, které se stalo hříšníky, byl Ježíš, který byl bez hříchu, ukřižován. Koloským 1:20 říká: *„Aby skrze něho a v něm bylo smířeno všechno, co jest, jak na zemi, tak v nebesích – protože smíření přinesla jeho oběť na kříži."* Ježíš se stal obětí smíření za odpuštění našich hříchů a přinesl pokoj mezi Boha a lidi.

Působíte pokoj?

Zrovna jako Ježíš přišel na tuto zemi v lidském těle a stal se tím, kdo působil pokoj, chce Bůh i po nás, aby mezi námi a každým člověkem vládl pokoj. Samozřejmě, že když věříme v Boha a učíme se pravdě, obvykle záměrně pokoj neporušíme. Ale tak dlouho, dokud v sobě máme svou vlastní spravedlnost a myslíme si, že máme pravdu, můžeme nevědomě pokoj porušit.

Zda jsme tento typ člověka, si můžeme uvědomit přezkoumáním toho, zda působíme tak, aby všechno sedělo druhým, nebo se naopak druzí snaží, aby všechno sedělo nám. Například, dejme tomu, že mezi manželem a manželkou je to manželka, která nemá ráda slané jídlo, zatímco manžel slané jídlo miluje.

Manželka povídá svému manželovi, že slané jídlo není dobré pro zdraví, ale on má přece dál rád slané jídlo. A tak mu manželka vůbec nerozumí. Z hlediska manžela on sám jednoduše nedokáže změnit svou chuť.

Pokud však manželka trvá na tom, aby její manžel následoval její radu, protože ona má pravdu, může mezi nimi vzplanout hádka. Proto, abychom udrželi pokoj, měli bychom na druhé brát ohled a pomoci jim věci pochopit, aby mohli dělat postupně změny k lepšímu.

Podobně, když se rozhlédneme okolo sebe, můžeme snadno vidět, že se pokoj narušuje kvůli malým věcem. Je to kvůli naší vlastní spravedlnosti, kdy si myslíme, že máme pravdu.

Proto bychom měli přezkoumat sami sebe ohledně toho, zda usilujeme o svůj vlastní prospěch před prospěchem druhých nebo zda se pokoušíme trvat na svých vlastních názorech, protože máme pravdu a říkáme pravdu, ačkoliv víme, že druhý člověk prožívá těžké období. Také bychom měli přezkoumat, zda od svých podřízených chceme, aby nás bezpodmínečně poslouchali a následovali nás jen proto, že jsme nadřízení.

Potom si můžeme uvědomit, zda skutečně působíme pokoj. Obecně je snadné zachovávat pokoj s těmi, kdo se k nám chovají pěkně. Ale Bůh nám říká, abychom udržovali pokoj a svatost se všemi lidmi.

Usilujte o pokoj se všemi a o svatost, bez níž nikdo nespatří Pána (Židům 12:14).

Měli bychom být proto schopni zachovat pokoj i s těmi, kteří nás nemají rádi, nenávidí nás nebo nám způsobují potíže. I když se zdá, že máme naprostou pravdu, tak pokud kvůli nám jiná osoba prožívá těžké období nebo se kvůli nám necítící ve své kůži, není to v Božích očích správné. Jak tedy můžeme zachovávat pokoj se všemi lidmi?

Zachovávejte pokoj s Bohem

Za prvé, musíme zachovávat pokoj s Bohem.

Izajáš 59:1-2 říká: „*Hle, Hospodinova ruka není krátká na spasení, jeho ucho není zalehlé, aby neslyšel. Jsou to právě vaše nepravosti, co vás odděluje od vašeho Boha, vaše hříchy zahalily jeho tvář před vámi, proto neslyší.*" Pokud se dopouštíme hříchů, zahradí nám cestu k Bohu hradba z hříchů. Proto zachovávat pokoj s Bohem znamená nestavět žádnou hradbu z hříchů pocházející z hříchů mezi Bohem a námi.

Když přijmeme Ježíše Krista, jsou nám odpuštěny všechny hříchy, kterých jsme se dopustili až do této chvíle (Efezským 1:7). Kvůli tomu je zničena hradba z hříchů mezi Bohem a námi a je nastolen pokoj.

Musíme mít ale na mysli, že pokud setrváváme v hřešení potom, co jsou nám odpuštěny hříchy, vytvoří se hradba z hříchů znovu.

Z Bible můžeme vyčíst, že mnoho problémů je způsobeno

hříchem. Když Ježíš uzdravil ochrnutého muže v 9. kapitole Matoušova evangelia, nejprve mu odpustil jeho hřích. Potom, co uzdravil muže nemocného po dobu 38 let, řekl v Janovi 5:14: „Hle, jsi zdráv. Už nehřeš, aby tě nepotkalo něco horšího!"
Proto, když vyznáváme své hříchy, obracíme se zpět a žijeme podle Božího slova, můžeme zachovávat pokoj s Bohem. Potom můžeme také obdržet požehnání jako jeho děti. Jestliže jsme nemocní, budeme uzdraveni a získáme zdraví, jestliže máme finanční potíže, problémy zmizí a budeme bohatí. Tímto způsobem obdržíme odpovědi na touhy svého srdce.

Zachovávejte pokoj sami v sobě

Potud, pokud v sobě máme nenávist, závist, žárlivost a jiné formy zla, mohou se podle situace vymknout naší kontrole. Potom kvůli nim budeme trpět a nebudeme moci dosáhnout pokoje.

Existuje korejské přísloví, které říká: „Když tvůj bratranec koupí půdu, dostaneš bolesti břicha." Toto je výraz závisti. Člověk bude trpět kvůli závisti, protože nesnese situaci, kdy jsou druzí bohatí. Podobně, potud pokud máme ve svém srdci nenávist, žárlivost, aroganci, rozepře, cizoložnou mysl a jiné formy zla, nemůžeme dosáhnout pokoje. Bude v nás rovněž sténat Duch svatý, a tak bude naše srdce cítit úzkost.

Proto, abychom zachovali pokoj sami v sobě, musíme

zavrhnout zlo ve svém srdci a následovat touhy Ducha svatého. Když přijmeme Ježíše Krista a žijeme s Bohem v pokoji, Bůh sešle do našeho srdce dar Ducha svatého (Skutky 2:38). Duch svatý, Boží srdce, nám umožňuje nazývat Boha „Otče." Nechává nás uvědomovat si hřích, spravedlnost a soud. Boží děti pak mohou žít podle Božího slova a jsou vedené Duchem svatým. Když uskutečňujeme Boží slovo a následujeme touhy Ducha svatého s pomocí Ducha svatého, Duch svatý se v našem srdci raduje. A tak můžeme mít v srdci klid a pociťovat vnitřní pokoj.

Navíc, do té míry, do jaké zcela zavrhneme zlo ze svého srdce, už více nezápasíme proti hříchům, a tak můžeme pociťovat sami v sobě úplný pokoj. Až poté, co prožíváme pokoj sami v sobě, můžeme udržovat pokoj také s druhými.

Zachovávejte pokoj mezi lidmi

Občas můžeme vidět lidi, kteří mají zápal a vášeň pro povinnosti, které jim Bůh uložil. Milují Boha a obětují se, ale neudržují pokoj s ostatními bratry ve víře.

Pokud si myslí, že je to prospěšné pro Boží království, neposlouchají názory druhých, ale pouze zaníceně pokračují ve své započaté práci. Potom se někteří lidé cítí nepříjemně a chovají vůči nim pocity opozice.

V takové situaci si ti, kteří nezachovávají pokoj s druhými, budou myslet, že je to cena, kterou musí zaplatit, aby dosáhli něčeho dobrého pro Boží království. Opravdu se nestarají, zda existují lidé, kteří mají názory opačné k jejich vlastním nebo zda způsobili, že mají druzí lidé nepříjemné pocity.

Ti, kdo v sobě mají dobrotu, však vezmou v úvahu srdce každého zúčastněného, aby mohli následovat pokoj a přijímat druhé. A tak k nim může přicházet mnoho lidí.

Dobrota je srdce pravdy, které v pravdě následuje dobrotu. Znamená to být laskavý a velkorysý. Také to znamená pokládat druhé za přednější sebe a starat se o druhé (Filipským 2:3-5).

Matouš 12:19-20 říká: *„Nebude se přít ani rozkřikovat, na ulicích nikdo neuslyší jeho hlas.* Nalomenou třtinu nedolomí a doutnající knot neuhasí, až dovede právo k vítězství."

Pokud máme takovouto dobrotu, nebudeme mít spory s druhými. Nebudeme se snažit vychloubat nebo být vyzdvihováni. Budeme milovat dokonce i ty, kteří jsou tak slabí jako nalomená třtina nebo tak špatní jako doutnající knot. Přijmeme je a budeme pro ně chtít to nejlepší.

Například, dejme tomu, že nejstarší syn koupí svým rodičům z lásky k nim velmi pěkné dárky. Bude-li však kritizovat své bratry, kteří nemohou udělat to samé, jak se jeho rodiče budou cítit? Pravděpodobně budou spíše chtít, aby mezi jejich dětmi vládl pokoj a láska, než aby dostali pěkné a drahé dárky.

Stejně tak Bůh především chce, abychom rozuměli jeho srdci a naše srdce se podobalo jeho srdci, než abychom do velké míry uskutečňovali jeho království. Dokud nemáme co do činění s úplnou nepravdou, měli bychom brát ohled na slabou víru druhých, abychom následovali pokoj.

Od doby, co dělám v církvi pastora, jsem nikdy nepocítil nepříjemné pocity vůči těm pastorům nebo pracovníkům v církvi, kteří nenesli patřičné ovoce. Shlížel jsem na ně s vírou a s vytrvalostí, dokud od Boha nezískali více síly a neplnili dobře své povinnosti.

Pokud bych pouze trval na svém stanovisku, mohl bych jim poradit něco jako: „Co kdybys zkusil dělat jinou práci, kde bys další rok získal více schopností a vrátil by ses k této práci později."

Ale ze strachu, že by někdo ztratil srdce, jsem to nikdy neudělal. Když v sobě máme dobrotu, která nalomenou třtinu nedolomí a doutnající knot neuhasí, můžeme zachovávat pokoj se všemi lidmi.

Pokoj skrze naši oběť

Jan 12:24 říká: *„Amen, amen, pravím vám, jestliže pšeničné zrno nepadne do země a nezemře, zůstane samo. Zemře-li však, vydá mnohý užitek."* Jak je zde řečeno, když se v každé oblasti zcela obětujeme, můžeme nést pokoj a hojné ovoce. Tudíž když zrno nepadne do země a nezemře, může vzklíčit a nést mnoho ovoce.

Co udělal Ježíš? Sám sebe zcela obětoval. Byl ukřižován za lidstvo, které se skládá z hříšníků. Otevřel cestu ke spasení a opět získal nesčetné množství Božích dětí.

Podobně, když se nejprve obětujeme ve službě druhým v

každé oblasti, ať je to v rodině, na pracovišti nebo v církvi, potom můžeme nést překrásné ovoce pokoje.

Každý má jinou míru víry (Římanům 12:3). Každý má jiné názory a myšlenky. Úroveň vzdělání, vlastnosti a okolnosti, za kterých byli lidé vychováni, jsou odlišné, a tak má každý jiné měřítko toho, co se mu líbí a co považuje za správné.

Každý má jiné měřítko a tak pokud každý trvá na tom, co chce on, nemůže mezi námi nikdy vládnout pokoj. Třebaže máme pravdu a třebaže můžeme pociťovat vůči druhým určité rozpaky, musíme se obětovat, aby mezi námi vládl pokoj.

Dejme tomu, že dvě sestry, které mají naprosto rozdílný životní styl, spolu sdílejí pokoj.

Ta starší má ráda, když jsou věci čisté, ale ta mladší na to vůbec nedbá. Starší sestra požádá tu mladší, aby s tím něco udělala. Když mladší sestra několikrát neposlechne, starší sestru to provokuje. Nakonec to projeví také navenek. A nastane hádka.

Mít uklizený pokoj je zde očividně lepší varianta, ale pokud se kvůli tomu hněváme a urážíme druhé svými slovy, není to správné. I když to pro nás může být velmi nepříjemné, měli bychom s láskou počkat, až se daná osoba změní, aby mezi námi vládl pokoj.

Existoval muž jménem Minson. Když byl ještě velmi mladý, ztratil matku. Měl macechu a ta měla dva mladší syny, než byl on.

S Minsonem špatně zacházela; dobré jídlo a pěkné oblečení dávala jen svým vlastním synům. Minson se musel třást v chladné zimě, když nosil oblečení z rákosu.

Jednoho chladného zimního dne se Minson, zatímco tlačil dvoukolák, který táhl jeho otec, třásl tak moc, že se chvění přeneslo i na dvoukolák. Jeho otec se dotkl oblečení svého syna a konečně si uvědomil, že jeho syn nosí oblečení z rákosu.

„Jak to jen mohla udělat?" Rozzuřil se a chystal se vyhodit svou novou manželku z domu. Minson však naléhal na svého otce, aby to nedělal. „Otče, prosím, nezlob se. Když je jejich matka tady, bude trpět jen jeden syn, ale když ji vyhodíš, budou trpět všichni tři synové."

Nevlastní matky se velmi dotklo, co řekl. Se slzami v očích se vyznala ze svých provinění a od té doby u nich zavládl pokoj.

Podobně budou ti, kdo jsou poddajní jako bavlna a s druhými se nehádají ani s nimi nemají konflikty, všude vítaní a milovaní. Takoví lidé působí pokoj. Dokážou se obětovat pro druhé i tím, že dají všanc svůj vlastní život.

Abraham, muž, který působil pokoj

Většina lidí chce mít ve svém životě pokoj, ale nemohou toho dosáhnout. Je to proto, že usilují o svůj vlastní prospěch a výhody.

Pokud neusilujeme o svůj vlastní prospěch, může se zdát, že budeme čelit ztrátě, ale očima víry vidíme, že to není pravda.

Když následujeme Boží vůli, abychom usilovali o prospěch druhých, Bůh nám odplatí svými odpověďmi a požehnáním.

Ve 13. kapitole knihy Genesis čteme o Abrahamovi a jeho synovci Lotovi. Lot ztratil předčasně ve svém životě otce a následoval Abrahama jako svého vlastního otce. V důsledku toho také obdržel požehnání spolu s Abrahamem, kterého Bůh miloval a žehnal mu. Jejich majetek byl značný. Neměli pouze zlato a stříbro, ale také mnoho dobytka. Protože byl nedostatek vody, měli mezi sebou pastýři obou stran rozepře.

Nakonec, aby Abraham zabránil hádkám mezi rodinami, rozhodl se oddělit příbytky. V té době dal Abraham Lotovi právo první volby, aby si zvolil lepší zemi.

Zdalipak není před tebou celá země? Odděl se prosím ode mne. Dáš-li se nalevo, já se dám napravo. Dáš-li se ty napravo, já se dám nalevo (Genesis 13:9).

A tak si Lot zvolil údolí řeky Jordán, neboť zde byla spousta vody. Z Abrahamova hlediska Bůh Lotovi požehnal kvůli němu a v rodinném uspořádání byl Abraham strýc a Lot jeho synovec, a tak si mohl Abraham vzít lepší zemi jako první. Rovněž, kdyby dal Abraham Lotovi právo první volby jako pouhé gesto, považoval by jednání Lota za nepatřičné.

Abraham si ale v hloubi svého srdce přál, aby si jeho synovec Lot zvolil lepší zemi. To je důvod, proč dokázal s Lotem udržovat pokoj a v důsledku toho obdržel od Boha ještě větší požehnání.

Poté, co se Lot od něho oddělil, řekl Hospodin Abramovi: „Rozhlédni se z místa, na němž jsi, pohlédni na sever i na jih, na východ i na západ, neboť celou tu zemi, kterou vidíš, dám tobě a tvému potomstvu až navěky. A učiním, že tvého potomstva bude jako prachu země. Bude-li kdo moci sečíst prach země, pak bude i tvé potomstvo sečteno. Teď projdi křížem krážem tuto zemi, neboť ti ji dávám" (Genesis 13:14-17).

Od té doby Abrahamův majetek a postavení tak mnoho vzrostly, že byl uznáván dokonce i okolními králi. Díky svému dobrému srdci mohl být dokonce nazýván ‚přítelem Božím.'

Ten, kdo usiluje o prospěch druhých ve všech věcech, bude dělat věci, které chtějí ostatní, ne které chce on sám. Pokud ho někdo uhodí do pravé tváře, nastaví mu také levou. Tomu, kdo ho požádá, dá svůj plášť stejně jako košili a s tím, kdo ho donutí k službě na jednu míli, půjde dvě (Matouš 5:39-41).

Zrovna jako se Ježíš modlil také za ty, kdo ho křižovali, dokáže se ten, kdo usiluje o prospěch druhých, modlit také za své nepřátele a za požehnání pro ně. Dokáže se modlit za ty, kdo ho pronásledují. Když se obětujeme z hloubi svého srdce a usilujeme o prospěch druhých, můžeme dosáhnout pokoje.

Pokoj pouze v pravdě

Jedna věc, na kterou si musíme dávat pozor, je to, že existuje rozdíl mezi tím být trpěliví a přikrývat chyby druhých, abychom zachovali pokoj a prostým přezíravým ignorováním nějaké věci. Zachovat pokoj neznamená, že se prostě vyhýbáme bratru, který hřeší, nebo s ním uzavřeme kompromis. S každým máme udržovat pokoj, ale musí jít o zachování pokoje v rámci pravdy.

Například nás mohou rodinní příslušníci nebo kolegové v práci požádat, abychom poklekli před modlami. Mohou po nás chtít, abychom s nimi popíjeli alkohol. To je ale proti Božímu slovu (Exodus 20:4-5; Efezským 5:18), a tak musíme odmítnout a zvolit si cestu, která se líbí Bohu.

Ve chvíli, kdy to uděláme, však musíme být moudří. Neměli bychom zranit city druhých. Musíme k nim být pořád vlídní. Musíme svou věrností získat jejich srdce. Potom je můžeme přesvědčit laskavým srdcem a žádat je o porozumění.

Toto je svědectví jedné sestry v naší církvi. Potom, co získala zaměstnání, měla po nějakou dobu problémy se svými kolegy v práci. Chtěli, aby s nimi v neděli chodila na výlety a jiná setkání, ale ona chtěla dodržovat Hospodinův svatý den odpočinku.

A tak ji její kolegové a nadřízení záměrně přehlíželi. Ona na to ale nedbala a pouze věrně pokračovala ve své práci, i když dokonce dobrovolně vyřizovala věci za jiné zaměstnance. Když viděli, jak vydává tuto Kristovu vůni, dotklo se jich to. Nyní mají setkání v jiné dny než v neděli a dokonce plánují svatby na soboty místo nedělí.

Požehnání v podobě nazvání syny Božími

Matouš 5:9 říká: *"Blaze těm, kdo působí pokoj, neboť oni budou nazváni syny Božími."* Jak velikým požehnáním je být nazván Božím synem? Slovo ‚syny' se zde nevztahuje pouze na muže, ale na všechny Boží děti. Nicméně, poněkud se to liší od ‚synů' v Galatským 3:26, kde se říká: *"Vy všichni jste přece skrze víru syny Božími v Kristu Ježíši."* V Galatským jsou to synové, kteří jsou spaseni. Ale ‚synové Boží' u těch, kdo působí pokoj, si s sebou nese hlubší duchovní význam. Jde o skutečné děti, které Bůh samotný uznává.

Všichni, kdo přijali Ježíše Krista a mají víru, jsou Boží děti. Jan 1:12 říká: *"Těm pak, kteří ho přijali a věří v jeho jméno, dal moc stát se Božími dětmi."* Ale ačkoliv jsme všichni byli spaseni a stali jsme se Božími dětmi, ne všichni věřící jsou stejní.

Například, mezi mnoha dětmi jsou takové, které rozumějí srdci rodičů a skýtají jim potěšení, zatímco jiné děti dávají svým rodičům zakoušet pouze těžké chvíle.

Podobně, i z Božího hlediska, některé děti rychle zavrhují zlo ze svého srdce a poslouchají slovo, zatímco jiné děti se nezmění ani po velmi dlouhé době. Neustále jsou neposlušné.

Které děti bude Bůh pokládat za lepší? Očividně ty, které se podobají Pánu, mají čisté srdce a poslouchají slovo. A tak Genesis 17:1 říká: *"„Já jsem Bůh všemohoucí, choď stále přede mnou, buď bezúhonný!"* Bůh chce, aby jeho děti byly bezúhonné a dokonalé.

Abychom byli nazváni syny Božími, musíme se podobat obrazu našeho Spasitele Ježíše (Římanům 8:29). Ježíš, Boží Syn, se stal tím, kdo působil pokoj tím způsobem, že obětoval sám sebe dokonce až k svému ukřižování.

Podobně, když se podobáme Ježíši v obětování se a usilujeme o pokoj, můžeme být nazváni syny Božími. Můžeme se potom rovněž těšit z duchovní autority a moci, ze které se těšil Ježíš (Matouš 10:1).

Zrovna jako Ježíš uzdravil mnoho nemocí, vyháněl démony a oživoval mrtvé, tak pokud jsme nazváni syny Božími, můžeme také uzdravovat i nevyléčitelné nemoci jako jsou rakovina, AIDS a leukémie.

Navíc se mohou uzdravit i chromí, slepí, mrtví, němí a ti, kdo mají dětskou obrnu. Začnou chodit, jejich oči prohlédnou a dokonce vstanou i mrtví.

Nepřítel ďábel se bude chvět a třást, takže ti, kdo jsou ovládáni démony nebo mocí temnoty, budou osvobozeni (Marek 16:17-18). Budou se projevovat skutky uzdravení překračující hranice času a prostoru. Mohou se také konat neobvyklé mocné činy skrze věci, které vlastníme, jako byly v případě Pavla šátky a zástěry (Skutky 19:11-12).

Také zrovna jako Ježíš utišil vítr a mořské vlny, budeme moci způsobit změny v povětrnostních podmínkách (Matouš 8:26-27). Déšť ustane a budeme moci dokonce změnit směr tajfunu nebo hurikánu nebo je nechat zmizet. Budeme moci dokonce vidět duhu i za velmi jasného dne.

Mimoto, pokud jsme nazváni syny Božími, vstoupíme do nového Jeruzaléma, kde přebývá Boží trůn. Zde si budeme moci užívat cti a slávy jako skutečné Boží děti. Máme-li víru nutnou ke spasení, vejdeme do ráje, ale pokud se staneme skutečnými dětmi, které jsou nazývány syny Božími, budeme moci vstoupit do nového Jeruzaléma, nejkrásnějšího příbytku nebeského království.

Jak veliká je čest a sláva prince, který obdrží trůn? A podobáme-li se Bohu, který je Vládcem nade vším a jsme nazváni syny Božími, naše čest a důstojnost budou převeliké! Budeme doprovázeni nebeskými zástupy a anděly, a budeme navěky chváleni nespočtem lidí v nebeském království.

Nadto se budeme těšit ze všemožných překrásných věcí a velkolepých a skvostných domů v nádherném novém Jeruzalémě. Budeme žít navěky v nepopsatelném štěstí.

Proto, abychom mohli obdržet velikou Boží lásku a požehnání, měli bychom vzít svůj vlastní kříž a stát se těmi, kdo působí pokoj, se srdcem Pána, který obětoval sám sebe až do bodu, kdy byl ukřižován.

Kapitola 8
Osmé požehnání

Blaze těm, kdo jsou pronásledováni pro spravedlnost,
neboť jejich je království nebeské

Matouš 5:10

„Blaze těm, kdo jsou pronásledováni pro spravedlnost, neboť jejich je království nebeské."

„Uvěř v Ježíše Krista a získáš spasení."

„Tím, že uvěříš ve všemohoucího Boha, můžeš získat požehnání ve všech oblastech svého života."

Kazatelé často říkají, že když uvěříme v Ježíše Krista, můžeme obdržet spasení a požehnání ve všech oblastech svého života, bude se nám ve všem dobře dařit a dostaneme odpovědi na všechny problémy ve svém životě.
V samotné naší církvi vzdáváme Bohu slávu každý týden mnoha svědectvími.
Nicméně, Bible nám také říká, že když uvěříme v Ježíše Krista, nastanou těžkosti a pronásledování. Obdržíme požehnání v podobě věčného života a požehnání na této zemi do té míry, do jaké se zřekneme svého života a obětujeme ho pro Pána, ale potom budeme také pronásledováni (Filipským 1:29).

Amen, pravím vám, není nikoho, kdo opustil dům nebo bratry nebo sestry nebo matku nebo otce nebo děti nebo pole pro mne a pro evangelium, aby nyní, v tomto čase, nedostal spolu s pronásledováním stokrát více domů, bratří, sester, matek, dětí i polí a v přicházejícím věku život věčný (Marek 10:29-30).

Pronásledováni pro spravedlnost

Co znamená být pronásledováni pro spravedlnost? Znamená to pronásledování, kterému čelíme, když žijeme podle Božího slova tím, že následujeme pravdu, dobrotu a světlo.

Samozřejmě, že nemusíme čelit pronásledování v případě, kdy pouze děláme kompromisy a nevedeme řádný křesťanský život. 2 Timoteovi 3:12 ale říká: „*A všichni, kdo chtějí zbožně žít v Kristu Ježíši, zakusí pronásledování.*" Pokud následujeme Boží slovo, můžeme čelit obtížím nebo být bezdůvodně pronásledováni.

Například, když nevěříme v Pána, mohli bychom popíjet alkohol, používat sprostý jazyk a projevovat hrubé chování. Ale potom, co obdržíme Boží milost, snažíme se s pitím skoncovat a žít bohabojný život. A tak budeme přirozeně tíhnout k tomu distancovat se od nevěřících kolegů a spolupracovníků. I když se k nim připojíme, nemohou si s námi užívat stejné věci jako předtím, tak mohou být zklamaní nebo něco říct proti našemu novému chování.

V mém případě jsem měl také předtím, než jsem přijal Pána, mnoho přátel, kteří se mnou pili. Rovněž, když se shromáždili příbuzní, hodně jsme pili. Ale potom, co jsem přijal Pána, pochopil jsem na probuzeneckém setkání Boží vůli, která nám říká, abychom se neopíjeli, a ihned jsem s pitím skoncoval.

Svým bratrům, dalším příbuzným a přátelům jsem přestal podávat alkohol. A tak si stěžovali, že jsem je nepohostil tak, jak čekali, že je pohostím.

Navíc potom, co přijmeme Pána, tak abychom dodrželi

Hospodinův svatý den odpočinku, tu a tam nemůžeme navštívit nějaké výlety pořádané v rámci našeho zaměstnání nebo jiná společenská setkání. V rodině, která není zevangelizována, můžeme dokonce čelit pronásledování, protože nepoklekneme před modlami.

Zlo nenávidí světlo

Proč bychom tedy měli trpět, když věříme v Pána? Je to stejné jako s vodou a olejem, které se nesmíchají. Bůh je světlo a ti, kdo věří v Pána a žijí podle slova, patří v duchovním smyslu světlu (1 Janův 1:5). Ale pán tohoto světa je nepřítel ďábel a satan, vládce temnoty (Efezským 6:12).

Proto, zrovna jako tma zmizí tam, kde je světlo, tak když roste počet věřících, kteří se podobají světlu, vládnoucí moc nepřítele ďábla a satana ubývá. Nepřítel ďábel a satan vládne nad lidmi ze světa, kteří mu patří. Podněcuje je k pronásledování věřících, aby už věřícími nebyli.

Neboť každý, kdo dělá něco špatného, nenávidí světlo a nepřichází k světlu, aby jeho skutky nevyšly najevo. Kdo však činí pravdu, přichází ke světlu, aby se ukázalo, že jeho skutky jsou vykonány v Bohu (Jan 3:20-21).

Když vidí jiné žít ve spravedlnosti podle Božího slova, může se to těch, kdo mají dobré srdce, dotknout a mohou přijmout evangelium. Ti, kdo jsou špatní, však budou takovou věc považovat za pošetilou. Budou to nenávidět a věřící za to pronásledovat.

Někteří se pokoušejí přesvědčit věřící pomocí své logiky. Říkají: „Musíš být tak radikální? Jsou lidé, kteří vyrostli v křesťanské rodině, někteří z nich jsou dokonce staršími v církvi, ale přece pijí." Boží děti by ale nikdy neměly jednat v nepravosti, kterou Bůh nenávidí jen proto, že jejich kolegové, příbuzní nebo přátelé mají na okamžik zraněné pocity.

Bůh dal svého jediného Syna za nás, kteří jsme hříšníci. Ježíš na sebe vzal všechen posměch a pronásledování a nakonec zemřel na kříži, když na sebe vzal naše hříchy. Jestliže přemýšlíme nad touto láskou, nemůžeme uzavírat kompromisy se světem za jakéhokoliv pronásledování jen pro svůj chvilkový klid.

Případy pronásledování pro spravedlnost

V roce 605 před Kristem se díky invazi Nabúkadnezara Babylónského stali Šadrak, Mešak a Abed-nego spolu s Danielem zajatci tohoto krále. Dokonce i v cizí kultuře, která byla chlípná a plná modlářství, si zachovali svou bázeň před Bohem a víru v Boha.

Jednoho dne čelili velmi obtížné situaci. Král nechal udělat zlatou sochu a chtěl přimět každého člověka ve své zemi, aby před ní poklekl. Kdyby někdo králův rozkaz neposlechl, byl by vhozen do ohnivé pece.

Šadrak, Mešak a Abed-nego se mohli snadno vyhnout

jakýmkoliv potížím pouhým jedním pokleknutím před sochou, ale neudělali to.

To proto, že Exodus 20:4-5 říká: *„Nezobrazíš si Boha zpodobením ničeho, co je nahoře na nebi, dole na zemi nebo ve vodách pod zemí. Nebudeš se ničemu takovému klanět ani tomu sloužit. Já jsem Hospodin, tvůj Bůh, Bůh žárlivě milující. Stíhám vinu otců na synech do třetího i čtvrtého pokolení těch, kteří mě nenávidí."*

Nakonec měli být Danielovi tři přátelé vhozeni do rozpálené pece. Jak dojemné bylo v té chvíli jejich vyznání!

Jestliže náš Bůh, kterého my uctíváme, nás bude chtít vysvobodit z rozpálené ohnivé pece i z tvých rukou, králi, vysvobodí nás. Ale i kdyby ne, věz, králi, že tvé bohy uctívat nebudeme a před zlatou sochou, kterou jsi postavil, se nepokloníme (Daniel 3:17-18).

Aby zachovali svou víru, neudělali kompromis ani v situaci ohrožující jejich život. Bůh viděl jejich víru a zachránil je před ohnivou pecí.

Pronásledováni kvůli vlastním nedostatkům

Existuje jedna věc, na kterou musíme pamatovat, a to, že je mnoho případů, kdy jsou lidé pronásledováni kvůli svým vlastním nedostatkům spíše než pro spravedlnost jako Danielovi tři přátelé.

Například existují věřící, kteří neplní všechny své povinnosti a říkají, že pracují na Božím díle. Pokud studenti nestudují a pokud ženy v domácnosti nepečují o domácnost z toho důvodu, aby se soustředili na církevní aktivity, budou je pronásledovat jejich rodinní příslušníci. Příčinou pronásledování bude to, že zanedbávají svá studia potažmo domácí práce. Oni to však chápou tak, že jsou pronásledováni, protože pracují pro Pána.

Věřící také nemusí usilovně pracovat ve svém zaměstnání a pokouší se svou vlastní práci přesouvat na jiného zaměstnance s výmluvami na práci v církvi. Potom bude na svém pracovišti varován nebo napomenut. Toto není pronásledování pro spravedlnost.

A tak 1 Petrův 2:19-20 říká: *„V tom je totiž milost, když někdo pro svědomí odpovědné Bohu snáší bolest a trpí nevinně. Jaká však sláva, jestliže budete trpělivě snášet rány za to, že hřešíte? Ale budete-li trpělivě snášet soužení, ač jednáte dobře, to je milost před Bohem."*

Blaze těm, kdo jsou pronásledováni pro spravedlnost

Matouš 5:10 říká: *„Blaze těm, kdo jsou pronásledováni pro spravedlnost, neboť jejich je království nebeské."* Proč Bible říká, že jim bude blaze? Pronásledování, kterému je člověk vystaven kvůli zlu nebo bezpráví, nemůže být požehnáním ani odměnou. Ale pronásledování pro spravedlnost je požehnání, protože ten, kdo je takto pronásledován, může získat nebeské království.

Stejně jako země ztvrdne po dešti, tak potom, co projdeme pronásledováním, bude naše srdce pevnější a dokonalejší. Budeme moci nalézt nepravdy, kterých jsme si předtím nebyli vědomi a zavrhnout je. Budeme moci tříbit mírnost a pokoj a naše srdce se bude podobat srdci našeho Pána až do té míry, že budeme milovat i své nepřátele.

Kdyby nás dříve někdo uhodil do tváře, nahněvali bychom se a museli mu to vrátit. Ale skrze pronásledování jsme se více naučili o službě a lásce, takže dnes dokážeme nastavit i druhou tvář.

Také ti, kdo bývali smutní a stěžovali si, když čelili potížím, mohou mít prostřednictvím pronásledování pevnou víru. Nyní mají naději v nebeské království a jsou vděční a radují se v jakékoliv situaci.

Dovolte mi uvést vám příklad z reálného života. Jeden z členů naší církve měl problémy se svým kolegou v kanceláři snad v každé záležitosti. Ten člověk svého věřícího kolegu bezdůvodně pomlouval. Jeho jednání postrádalo běžnou citlivost a tento věřící kvůli tomu musel hodně trpět.

Druzí lidé říkávali, že je tento věřící milý člověk, ale díky této situaci věřící zjistil, že má ve svém srdci také nenávist. Rozhodl se tedy, že přijme svého kolegu do svého srdce, protože Bůh nám říká, abychom milovali i své nepřátele. Pamatoval si, co má jeho kolega rád a občas mu to dal. Rovněž, s tím jak se modlil za tohoto člověka, získal k němu opravdovou lásku a jejich vztah se stal bližším a přátelštějším než vztah mezi jinými zaměstnanci kanceláře.

A tak Žalm 119:71 říká: „*Byl jsem pokořen a bylo mi to k dobru, naučil jsem se tvým nařízením.*" Prostřednictvím takovýchto utrpení se začneme více pokořovat. Přitom, jak spoléháme na Pána, zavrhujeme hříchy a zlo a stáváme se svatými. Časem pronásledování přirozeně zmizí. Pokud jsme pronásledováni pro spravedlnost, naše víra roste. Potom nás druzí okolo nás budou respektovat a také od Boha obdržíme požehnání v duchovní i materiální oblasti. Navíc do té míry, do jaké v sobě dosáhneme spravedlnosti, můžeme postoupit na lepší místo v nebeském království. Jak veliké je to požehnání!

Nebeské příbytky a sláva se odlišují

Jaký je tedy potom rozdíl mezi nebem, které je těch, kteří jsou chudí v duchu a nebem, které je těch, kteří jsou pronásledováni pro spravedlnost? Ve skutečnosti je zde veliký rozdíl.

To první je nebe v obecném slova smyslu, do kterého může jít každý, kdo je spasen. Ale to druhé znamená, že do lepšího příbytku v nebi půjdeme do té míry, do jaké jsme pronásledováni za spravedlivé jednání.

Příbytky a odměny v nebi se budou lišit do té míry, do jaké dosáhneme posvěcení a staneme se skutečnými dětmi, které Bůh chce a podle toho, jak dobře plníme své povinnosti.

Jan 14:2 říká: „*V domě mého Otce je mnoho příbytků; kdyby tomu tak nebylo, řekl bych vám to. Jdu, abych vám připravil místo.*"

Také 1 Korintským 15:41 říká: „*Jiná je záře slunce a jiná měsíce, a ještě jiná je záře hvězd, neboť hvězda od hvězdy se liší září.*" Můžeme vidět, že příbytky a sláva, které budeme mít v nebi, se budou lišit podle toho, jaké míry spravedlnosti dosáhneme.

Chudí v duchu jsou ti, kdo přijali Pána a získali právo vejít do nebeského království. Od této chvíle se mohou stát mírnými a těmi, kdo mají čisté srdce tím, že budou oplakávat a vyznávat své hříchy, aby je zavrhli. Musejí pokračovat v růstu své víry tak, že budou neustále následovat spravedlnost.

Tudíž pouze ti, kdo si uvědomují svou špatnost, zavrhují ji a stávají se posvěcenými skrze pronásledování a zkoušky, mohou vstoupit na lepší místa v nebi a vidět také Boha Otce.

Pronásledování pro Pána

Do té míry, do jaké dosáhneme spravedlnosti, zmizí i pronásledování. S tím jak naše víra roste a my se stáváme dokonalejšími, nás lidé okolo stále více respektují. Kromě toho můžeme od Boha také získat požehnání v duchovní i materiální oblasti. To můžeme například vidět v případě tří Danielových přátel. Byli pronásledováni, protože se drželi své Boží spravedlnosti. Byli vhozeni do ohnivé pece, která byla sedmkrát rozpálenější než obvykle, ale Bůh je ochránil. Nebyl jim sežehnut jediný vlas na hlavě. Když král viděl toto Boží působení, i on vzdal slávu všemohoucímu Bohu. Také tyto tři muže vyvýšil.

To však neznamená, že všechna pronásledování zmizí jen proto, že jsme zcela dosáhli spravedlnosti uskutečňováním Božího slova. Jsou také pronásledování, kterými musejí Pánovi služebníci pro Boží království projít.

Blaze vám, když vás budou tupit a pronásledovat a lživě mluvit proti vám všecko zlé kvůli mně. Radujte se a jásejte, protože máte hojnou odměnu v nebesích; stejně pronásledovali i proroky, kteří byli před vámi (Matouš 5:11-12).

Mnoho otců víry na sebe ochotně vzalo utrpení, aby naplnilo Boží vůli. V první řadě existoval ve formě Boha Ježíš. Byl bezúhonný a bez poskvrny, ale přijal trest hříšníků. Aby naplnil prozíravost spasení, byl bičován a ukřižován vprostřed všemožným posměšků a urážek.

Apoštol Pavel

Uvažme nyní případ apoštola Pavla. Kázáním evangelia pohanům položil Pavel základy světové misie. Prostřednictvím svých tří misijních cest založil mnoho církví. To nebylo v žádném případě snadné. Jak obtížné to bylo, můžeme vidět z jeho vyznání.

> *Jsou služebníky Kristovými? Odpovím obzvlášť nerozumně: já tím víc! Namáhal jsem se usilovněji, ve vězení jsem byl vícekrát, ran jsem užil do sytosti, smrti jsem často hleděl do tváře. Od Židů jsem byl pětkrát odsouzen ke čtyřiceti ranám bez jedné, třikrát jsem byl trestán holí, jednou jsem byl kamenován, třikrát jsem s lodí ztroskotal, noc a den jsem jako trosečník strávil na širém moři. Častokrát jsem byl na cestách – v nebezpečí na řekách, v nebezpečí od lupičů, v nebezpečí od vlastního lidu, v nebezpečí od pohanů, v nebezpečí ve městech, v nebezpečí v pustinách, v nebezpečí na moři, v nebezpečí mezi falešnými bratřími, v námaze do úpadu, často v bezesných nocích, o hladu a žízni, v častých postech, v zimě a bez oděvu* (2 Korintským 11:23-27).

Existovali dokonce lidé, kteří přísahali, že dokud Pavla nezabijí, nebudou jíst ani pít. Můžeme si stěží představit, jak velké bylo utrpení, kterým procházel (Skutky 23:12). Ale bez ohledu na to, v jaké situaci se nacházel, byl apoštol Pavel vždy vděčný a radoval se, protože měl naději v nebeské království.

Byl věrný až na smrt pro Boží království a spravedlnost, aniž by šetřil svůj vlastní život (2 Timoteovi 4:7-8).

Není tomu ale tak, že Boží člověk trpí, protože by neměl moc. Když byl Ježíš na kříži, tak kdyby jen chtěl, mohl by povolat více než 12 legií andělů a na místě zničit všechny zlé lidi (Matouš 26:53).

Jak Mojžíš, tak apoštol Pavel, měli tak velikou moc, že je lidé dokonce pokládali za bohy (Exodus 7:1, Skutky 14:8-11). Když lidé odnášeli k nemocným šátky a zástěry, kterých se Pavel dotkl, nemoci a zlí duchové je opouštěli (Skutky 19:12).

Protože však věděli, že bude naplněna Boží prozíravost ještě více skrze jejich utrpení, nepokoušeli se utrpení vyhnout ani před ním uniknout, ale přijímali ho s radostí. Kázali Boží vůli s planoucí vášní a konali, co jim Bůh nařídil.

Hojná odměna za to, když se radujeme a jásáme

Důvod, proč se můžeme radovat a jásat, když jsme pronásledováni pro Pánovo jméno, je ten, že budeme mít hojnou odměnu v nebeském království (Matouš 5:11-12).

Mezi loajálními ministry za starých časů existovali takoví, kteří byli ochotni za krále obětovat i svůj život. Král jim za jejich loajalitu poskytoval více slávy a cti. Když ministr zemřel, král dával odměnu jeho dětem.

Jak je řečeno v Janovi 15:13: *„Nikdo nemá větší lásku než ten, kdo položí život za své přátele,"* dokázali svou lásku ke svému králi tím, že obětovali svůj vlastní život.

Jestliže jsme pronásledováni a dokonce se zřekneme svých životů pro Pána, jak by mohl Bůh, který je Pánem nade všemi věcmi, nechat věc tak, jak je? Vylije na nás nepředstavitelné nebeské požehnání.

Dá nám lepší příbytek v nebeském království. Ti, kdo jsou umučeni pro Pána, budou uznáváni pro své srdce, které miluje Pána. Půjdou nejméně do třetího nebeského království nebo dokonce do nového Jeruzaléma.

Třebaže nejsme zcela posvěceni, tak pokud dokážeme obětovat své životy, abychom se stali mučedníky, znamená to, že pokud by nám bylo dáno více času, byli bychom se stali zcela posvěcenými.

Apoštol Pavel velmi mnoho trpěl a dokonce dal svůj život za Pána. Dokázal jasně komunikovat s Bohem a zakusil mnoho duchovních věcí z nebe. Protože viděl ráj, vyznal: *„Soudím totiž, že utrpení nynějšího času se nedají srovnat s budoucí slávou, která má být na nás zjevena"* (Římanům 8:18).

Také vyznal v 2 Timoteovi 4:7-8: *„Dobrý boj jsem bojoval, běh jsem dokončil, víru zachoval. Nyní je pro mne připraven vavřín spravedlnosti, který mi dá v onen den Pán, ten spravedlivý soudce."*

Bůh nezapomíná na věrnost a úsilí těch, kdo jsou pronásledováni a dokonce se stali mučedníky pro Pána. Odplácí takovouto oběť překypujícími poctami a odměnami. Jak vyznal apoštol Pavel, budou na nás čekat úžasné odměny a sláva.

I když ve skutečnosti neztratíme svůj fyzický život, tak nám budou všechny věci, které děláme pro Pána se srdcem mučedníka a všechna pronásledování, kterými procházíme pro Pána, odplaceny v podobě odměn a požehnání.

Také těm, kteří se radují a jásají, ačkoliv jsou pronásledováni pro Pána, Bůh odpoví na touhy jejich srdce a naplní jejich potřeby, aby jim podal důkaz, že je s nimi. Do té míry, do jaké překonávají těžkosti, bude větší i jejich víra; potom obdrží větší moc a autoritu, budou s Bohem jasněji komunikovat a budou moci projevovat úžasnější skutky Boží moci.

Nicméně ve skutečnosti se ti, kdo obětují své životy pro Pána, nestarají o to, zda obdrží na oplátku něco na zemi. Dokážou se radovat ještě více, protože nic nelze srovnávat s nebeským požehnáním a odměnami, které obdrží později.

Požehnání pro ty, kteří se účastní utrpení Pána

Měli bychom pamatovat ještě na jednu věc. Když Boží člověk trpí pro Pána, tak ti, kdo jsou s ním, také získají požehnání.

Když byl David stíhán v důsledku svého hříchu svým synem Abšalómem, tak ti, kdo byli věrní, věděli, že David je Boží muž. I když byly jejich životy vážně ohroženy, přece s ním zůstávali.

Nakonec, když David znovu obdržel Boží milost, mohli získat Boží milost společně s ním. Toto je vůle spravedlivého Boha. Totiž, že když Boží člověk trpí pro Pánovo jméno, tak ti, kdo jsou s ním svým věrným srdcem, se budou později účastnit jeho slávy. Ježíš svým učedníkům také dodal více naděje, když jim řekl o nebeských odměnách, které obdrží.

A vy jste ti, kdo se mnou v mých zkouškách vytrvali. Já vám uděluji království, jako je můj Otec udělil mně, abyste v mém království jedli a pili u mého stolu; usednete na trůnech a budete soudit dvanáct pokolení Izraele (Lukáš 22:28-30).

Naše církev a já jsme museli při dosahování Božího království projít mnohým pronásledováním. Protože jsme věděli, že je to Boží vůle, kázali jsme o hlubokých duchovních věcech, i když jsme věděli, že nám to přivodí pronásledování.

Když jsme procházeli mnoha těžkostmi, které člověk nemusí snadno unést, vložili jsme s modlitbami a posty všechno do Božích rukou. Potom nás Bůh obdařil ještě větší mocí jako důkazem toho, že je s námi. Nechal nás projevovat mnoho znamení a zázraků. Bůh skrze nás uzdravil nejenom nemoci, ale také postižení jako dětskou obrnu, slepotu a hluchotu nebo spravil části těla, které byly od narození slabé.

Kromě toho jsme mohli prostřednictvím kampaní v mnoha zemích vést stovky tisíců a dokonce miliónů lidí k Pánu. Jedna z těchto kampaní přitáhla pozornost celého světa, protože ji přenášela stanice CNN (Cable News Network).

V roce 2005 byla založena televizní stanice GCN (Global Christian Network) TV a začala přenášet vysílání 24 hodin denně v New York City a New Jersey. Pouhý rok po založení tomu Bůh požehnal takovým způsobem, že ji mohl sledovat každý kdekoliv na světě skrze satelit.

Zvláště pak kampaň v New Yorku v červenci 2006 konaná v Madison Square Garden v New York City byla vysílána do více než 200 zemí po celé zeměkouli skrze nejrůznější křesťanské stanice jako GCN, Cosmovision, GloryStar Network a Daystar TV.

Za touto slávou stály horlivé modlitby členů církve a jejich slzy. V době, kdy byla církev v obtížné situaci, podržela ji většina členů církve modlitbami a posty.

Ti, kdo se podíleli na utrpení s Pánem, měli přetékající naději v nebeské království. Jejich víra dospěla ve statečnou a duchovní víru. Všechny tyto věci se jim vrátily v podobě požehnání. Bůh jim požehnal v jejich rodinách, na jejich pracovištích a v jejich podnikání. Vzdávají Bohu slávu svými četnými svědectvími.

Proto se ti, kdo následují opravdové požehnání, dokážou radovat a jásat z hloubi svého srdce, když jsou pronásledováni pro Pána. To proto, že se budou těšit na věčné požehnání, které obdrží v nebeském království.

Ten, kdo usiluje o opravdové požehnání

Požehnání v Božích očích se velmi liší od požehnání, které považují za požehnání lidé ze světa. Většina lidí si myslí, že požehnání znamená být bohatý. Bůh však říká, že chudým v duchu bude požehnáno. Lidé si myslí, že je požehnáním být vždy šťastný. Bůh ale říká, že těm, kdo pláčou, bude požehnáno. Bůh říká, že těm, kdo hladovějí a žízní po spravedlnosti, a těm, kdo jsou mírní, bude požehnáno.

Blahoslavenství obsahuje požehnané a opravdové způsoby, jak získat nebeské království se srdcem, které je chudé v duchu a podobá se díky pronásledování Božímu srdci.

Tudíž pokud zachováváme slovo, budeme moci zavrhnout veškeré formy zla a naplnit své srdce pravdou. Budeme moci zcela obnovit mírný a svatý Boží obraz a líbit se Bohu. To je způsob, jak se stát člověkem víry a člověkem neporušeného ducha.

Takový člověk se podobá stromu zasazenému u vody. Stromy zasazené u vody jsou v hojnosti napájené čerstvou vodou. I v suchých nebo horkých dnech budou mít zelené listy a budou nést hojné ovoce (Jeremjáš 17:7-8).

Věřící, kteří žijí podle Božího slova, ze kterého plynou všechna požehnání, se nebudou mít čeho obávat ani v nesnázích. Vždy budou zakoušet ruce Boží lásky a požehnání.

Proto se ve jménu Pána Ježíše Krista modlím, abyste se těšili na slávu, která vám bude zjevena, a tříbili v sobě blahoslavenství.

Modlím se, abyste se dokázali naplno těšit z opravdového požehnání, které vám dává Bůh Otec, jak na zemi, tak i v nebi.

„Blaze muži,
který se neřídí
radami svévolníků,
který nestojí na cestě hříšných,
který nesedává s posměvači,
nýbrž si oblíbil Hospodinův zákon,
nad jeho zákonem rozjímá ve dne i v noci.

Je jako strom zasazený
u tekoucí vody,
který dává své ovoce v pravý čas,
jemuž listí neuvadá.
Vše, co podnikne,
se zdaří"
(Žalm 1:1-3).

O autorovi:
Dr. Jaerock Lee

Dr. Jaerock Lee se narodil v roce 1943 v Muanu, v provincii Jeonnam, v Korejské republice. Ve svých dvaceti letech trpěl Dr. Lee po dobu sedmi let rozmanitými nevyléčitelnými chorobami a očekával smrt bez jakékoliv naděje na uzdravení. Nicméně, jednoho jarního dne v roce 1974 ho jeho sestra odvedla na církevní shromáždění, a když poklekl, aby se pomodlil, živý Bůh ho okamžitě uzdravil ze všech jeho nemocí.

Od chvíle, kdy se skrze tuto úžasnou zkušenost Dr. Lee setkal s živým Bohem, začal Boha upřímně milovat celým svým srdcem a v roce 1978 byl povolán k tomu, aby se stal Božím služebníkem. Vroucně se modlil a nesčetněkrát držel spolu s modlitbami půst, aby mohl jasně porozumět Boží vůli, cele ji vykonávat a být poslušný Božímu slovu. V roce 1982 založil v Soulu, v Jižní Koreji, církev Manmin Central Church, kde se od té doby konají nesčetné Boží skutky včetně nadpřirozených uzdravení, znamení a zázraků.

V roce 1986 byl Dr. Lee při výročním shromáždění církve Jesus' Sungkyul Church of Korea ustanoven pastorem a o čtyři roky později, v roce 1990, začala být jeho kázání vysílána v Austrálii, Rusku a na Filipínách. V krátké době se prostřednictvím rozhlasových stanic Far East Broadcasting Company, Asia Broadcast Station a Washington Christian Radio System vysílání rozšířilo do mnoha dalších zemí.

O tři roky později, v roce 1993, byla církev Manmin Central Church vybrána časopisem Christian World (USA) mezi „50 nejpřednějších církví na světě" a Dr. Lee obdržel od fakulty Christian Faith College na Floridě čestný doktorát z teologie. V roce 1996 získal za svou službu od semináře Kingsway Theological Seminary v Iowě titul Ph. D.

Od roku 1993 převzal Dr. Lee vedení světové misie prostřednictvím mnoha zahraničních cest do amerických měst Los Angeles, Baltimoru a New Yorku, dále na Havaj, do Tanzánie, Argentiny, Ugandy, Japonska, Pákistánu, Keni, na Filipíny, do Hondurasu, Indie, Ruska, Německa, Peru, Demokratické republiky Kongo a do Izraele.

V roce 2002 byl většinou křesťanských novin v Koreji kvůli své mocné službě na rozmanitých zahraničních kampaních oceněn jako „celosvětový evangelista." Obzvláště významná byla jeho ‚Kampaň v New Yorku 2006', která se konala v Madison Square Garden, nejznámější hale na světě. Událost se vysílala 220 národům a na své ‚Sjednocené kampani v Izraeli 2009' pořádané v ICC (International Convention Center) v Jeruzalémě statečně prohlašoval, že Ježíš Kristus je Mesiáš a Spasitel.

Jeho kázání se vysílají 176 národům přes satelit včetně GCN TV a v žebříčku se podle populárního ruského křesťanského časopisu *In Victory* a nové zpravodajské agentury *Christian Telegraph* za svou mocnou službu v oblasti TV vysílání a za svou zahraniční církevní pastorační službu umístil jako jeden z 10 nejvlivnějších křesťanských vůdců roku 2009 a 2010.

K květen 2018 je církev Manmin Central Church kongregací s více než 130 000 členy. Má rovněž 11 000 poboček po celé zeměkouli včetně 56 domácích poboček a doposud vyslala více než 98 misionářů do 26 zemí včetně Spojených států, Ruska, Německa, Kanady, Japonska, Číny, Francie, Indie, Keni a mnoha dalších.

Ke dni vydání této knihy napsal Dr. Lee 111 knih včetně bestselerů *Ochutnání Věčného Života před Smrtí (Tasting Eternal Life before Death)*, *Můj Život, Má Víra I & II (My Life My Faith I & II)*, *Poselství Kříže (The Message of the Cross)*, *Měřítko Víry (The Measure of Faith)*, *Nebe I & II (Heaven I & II)*, *Peklo (Hell)* a *Boží Moc (The Power of God)*. Jeho díla byla přeložena do více než 76 jazyků.

Jeho křesťanské sloupky se objevují v *Hankook Ilbo, JoongAng Daily, Chosun Ilbo, Dong-A Ilbo, Seoul Shinmun, Kyunghyang Shinmun, Hankyoreh Sinmun, Korea Economic Daily, Shisa News*, a v *Christian Press.*

Dr. Lee je v současné době vedoucím mnoha misionářských organizací a asociací. Jeho pozice zahrnují: předseda The United Holiness Church of Jesus Christ; stálý prezident The World Christianity Revival Mission Association; zakladatel & předseda výboru Global Christian Network (GCN); zakladatel & předseda výboru World Christian Doctors Network (WCDN); a zakladatel & předseda výboru Manmin International Seminary (MIS).

Další mocné knihy od stejného autora

Nebe I & II

Podrobný náčrt úžasného životního prostředí, z kterého se budou těšit nebeští občané a krásný popis různých úrovní nebeských království.

Poselství Kříže

Mocné poselství vyzývající k probuzení všechny lidi, kteří duchovně spí! V této knize najdete skutečnou Boží lásku a důvod, proč je Ježíš jediným Spasitelem.

Měřítko Víry

Jaký nebeský příbytek, koruna a odměna jsou pro vás připraveny v nebi? Tato kniha vám poskytne moudrost a vedení, abyste dokázali změřit svou víru, co nejlépe ji tříbit a dozrát v ní.

Můj Život, Má Víra I & II

Nejvoňavější duchovní vůně vytažená z života, který vykvetl z nepřekonatelné Boží lásky uprostřed temných vln, chladného jha a nejhlubšího zoufalství.

Boží Moc

Četba, která slouží jako nepostradatelný průvodce, díky němuž můžete získat opravdovou víru a zažít úžasnou Boží moc.

www.urimbooks.com

www.ingramcontent.com/pod-product-compliance
Lightning Source LLC
LaVergne TN
LVHW092047060526
838201LV00047B/1282